KB040926

탈북여성
30인
특별대담

1953년 한국전쟁 휴전 후 북에서 남으로 내려온 탈북민은 지금까지 3만 5천 명, 그 중 70%가 여성이다. 이들 중에는 대학교수, 목회자, 시민단체장, 교육자, 예술인, 기업경영인, 회사원, 대학생, 주부 등 다양한 사람들이 있다. 꽃처럼 아름답게, 불처럼 뜨겁게 사는 멋진 탈북여성 30인의 감동 이야기를 세상에 알린다.

안보강사부터 미스트롯 가수까지

탈북여성 30인 특별대담

림일 지음

바이북스
ByBooks

머리말

2020년 8월 어느 날, 호주 모내시대학교(Monash University) 한국학과 박사후연구원 즈왑닉-아담 선생으로부터 흥미로운 메일이 왔다. 당년도 본 학과에 '코리안 연구프로젝트'라는 새로운 과목이 도입되어 번역 프로젝트를 하는 것이 어떨까라는 학과장의 창의적 기획으로 통번역 전문인 본인이 총괄 담당자로 뽑혔다는 것이다.

그러면서 이후 번역대상 문서를 고를 때 동아시아에서 가장 시의적절하고 보람이 있을 듯한 것이 바로 내 작품《탈북영웅 33인 특별인터뷰》영어판 작성이라는 생각이 들었다는 것이다.

이후 한국 서울의 바이북스 출판사 관계자와 여러 차례 전화미팅을 마쳤으며 출판사 측에서도 매우 긍정적인 반응을 보여서 최종적으로 저자에게 정중히 알린다고 했다. 그러면서 코로나19 때문에 호주 모내시대학교로 초청하지 못함을 다소 아쉬워하였다.

나에게는 영광이다. 그간 3종의 장편소설을 포함해 10권의 책을 냈지만 해외에서 내 책을 영문번역·출간하겠다는 요청은 처음 받았으니 말이다. 첫 책을 쓴 이후 16년 만에 맞은 소중한 경사이다.

이후 지구 반대편에 있는 호주의 즈왑닉 선생과 수차례 영상전화 및 메일교환, 화상인터뷰 등을 하였다. 그러던 어느 날 그가 능청스럽게 "림일 작가님! 그런데 탈북영웅 33인은 왜 모두 남자들인가요? 냉정히 말하면 탈북민 70%는 여자인데 말입니다. 그 책에 넣을 탈북여성이 단 1명도 없단 말씀인가요?" 하는 것이었다.

내가 빙그레 미소를 보이며 "즈왑닉 박사님! 제가 조금 보수적이어서 그렇습니다. 허허. 그렇다고 여성 편견은 절대 아니고요. 사실은 남자들보다 더 멋지고 아름다운 탈북여성들만의 이야기를 다음 책으로 열심히 준비하고 있습니다"라고 하였다.

즈왑닉 선생은 내 책자 번역작업을 하면서 탈북민과 북한, 김정은과 한반도에 대해서 다소 잘 알 수 있었다고 했다. 나는 생애 첫 영어판 내 책을 만들어준 그에게 진심으로 감사하다고 했다.

탈북민 70%가 여성인 이유는 무엇일까?

북한에서 전체 주민들의 직업은 철두철미 당국이 강제로 배정해준다. 사직 및 자유이직이 전혀 없는 남자들과 달리 여자들은 결혼하면 가족부양을 명분으로 휴직 혹은 사직할 수 있다. 이런 경우 여맹(정치)조직 소속을 해당 거주지 동사무소로 옮긴다.

1994년 7월 김일성 사망, 이듬해 5월 평양시 식량배급 중단 이후, 최악의 경제난인 '고난의 행군'(4~5년간)을 겪으며 대략 300만의 인민이 아사했다. 이때부터 많은 여성들이 장마당(시장)에 나와 품팔이를 하거나 도소매 물건을 팔면서 생계를 유지하게 되었다.

그 속에서 보따리장사, 일자리 찾기로 국경을 넘어 중국에 왔다. 비록 불법체류 신분이지만 중국에서 일하고 받는 월급으로 고향에서 1년을 사는 사실에 입이 벌어지는 탈북여성들이다.

그보다 더 놀라는 것은 자신들이 우러르는 중국 사람들은 남조선(한국)을 많이 부러워한다는 점이다. 미제의 식민지 남조선이 사람 못살 인간생지옥이 아니고 14억 중국 인민도 몹시 동경하는 발전된 자본주의 나라임을 알게 된다. 그리하여 약간의 주저함과 망설임도 없이 사생결단으로 대한민국 행을 선택하는 그들이다.

그래서 탈북여성 70%가 여성이다.

대략 수천 명이 아름답고 행복한 결혼을 하여 아이를 낳을 수 있는 20~40대의 여성들이다. 아무리 봐도 이들이 분명 대한민국 인구 증가에 조용히 공헌함은 자랑스러운 일이다. 남한 남성과 결혼을 하는 탈북여성은 확실한 통일부부가 틀림없다.

통일부부가 낳은 아이는 미래 통일한반도의 주역이다. 남한의 아버지와 북한의 어머니로부터 남북한 역사문화 교육을 생동하게 받는 것이다. 그들이 잘 교육되고 건실하게 자라야 한다.

이 책에 소개되는 당돌한 탈북여성 30명은 모두 자유를 찾아 북한을 떠나 2002년 이후 대한민국에 입국한 사람들이다. 짧게는 9년, 길게는 20년을 타향이면서도 또 다른 조국인 이 땅에서 사는 분들이다. 회사, 시민단체, 예술 및 교육부문, 정치권, 개인사업장, 공기관 등 다양한 직업에 종사하는 멋지고 아름다운 여성들이다.

한 분야서 5년, 10년 이상 종사하면 전문가다. 30명 탈북여성이 그렇다. 자기 직업에 절대 긍지감을 갖고 좌면우고하지 않고 꾸준히 한 길을 가는 근로정신과 이웃 사랑, 애국의 충신들이다.

세상에 누가 뭐라고 해도 여성은 가정과 사회, 나라의 꽃이다. 가정에서는 한 남편의 아내 겸 아이의 엄마로 살고 사회에서는 다양한 직업에 종사하며 최선을 다해 열심히 사는 분단 및 통일시대 탈북여성 30인의 아름다운 이야기를 역사에 전하고자 한다.

2021년 10월 10일
30인 탈북미녀의 추억을 기록하며

차 례

이름 나열은 대한민국 입국순

(이름 ‖ 북한직함 = 남한직함)

우리 조국, 대한민국
우리가 지키자

북한 정규군 이름은 '조선인민군'으로 남한의 국군에 해당한다. '조선인민군'과 비슷한 이름의 '조선인민경비대'는 사회안전성(남한의 경찰청), 국가보위성(남한의 국정원) 소속의 군인집단이다. 김정은 시대에 '조선내무군', '사회안전군'으로 바뀌었다.

'인민군'은 유사시 일선에서 적군(한국군)과 싸우는 군인들이고, '내무군', '사회안전군'은 인민보호, 주요 국가시설 등 후방을 지키는 군인들이다. 모두 10년 안팎을 '조선인민군' 및 '조선인민경비대'에 복무하는 북한의 청년들이다. 젊음의 꿈과 이상은 갖기 어렵다.

현재 지구상에 존재하는 수많은 나라 중에 군사복무 기간이 북한만큼 긴 나라가 없다. 군대는 상명하복의 철저한 물질소비 집단이다. 100% 국가예산으로 존재하는 군대이기에 군인 숫자가 많고 군복무 기간이 긴 것은 결과적으로 국가에 좋은 것은 아니다.

북한의 경제력은 남한의 1/50에도 못 미치는 저조하고 미미한 수준이다. 100만 인민군을 10년 이상 복무시키는 것은 값싼 노동력으로 활용하는 측면도 분명히 있다. 2021년 7월, 인천시 논현동에서 임혜진 전 조선인민경비대 특무상사를 만났다.

- 고향이 어디인가.

함경북도 명천에서 1967년에 태어났다. 형제는 4남 1녀이고 부친은 인민군 군관(장교)이었다. 1982년 봄, 온성○○고등중학교 졸업하고 조선인민경비대 제2912군부대에 입대하여 교환수로 근무했다. 부대의 사회명칭은 '12호 관리소'로 국가보위부(남한의 국정원) 소속이다. 남한에서 흔하게 말하는 그 '정치범수용소'이다.

- 북한에서 '정치범'이라고 부르나.

아니다. 북한사회에는 '정치범'이란 표현이 전혀 없으며 유사한 표현으로 '사상범'이란 말을 간혹 쓰기도 한다. 정확히 말해 '정치범수용소' '정치범'이라는 표현은 남한의 언론에서 만들어 쓰는 용어이고 북한에서는 '이주구역' '이주민' 등으로 쓰고 부른다.

- 12호 관리소는 어떤 곳인가.

함북 온성군의 5개 리(里)가 속했다. 한 개 리에 5,000∼6,000명 모두 25,000∼30,000명의 이주민이 있다. 12호 관리소는 외곽에 철조망으로 담을 쳤고 그 밑에 깊은 구덩이와 70cm 죽창이 꽂혀 있다. 수용소의 시설과 이주민을 관리·감시하는 군인과 사민(민간인)은 모두 700여 명으로 그중 간부들은 40명가량이다.

- 주로 어떤 시설들이 있나.

관리소 관할지역 안에는 농장, 벽돌공장, 탄광, 피복공장, 철도, 식료공장 등이 있다. 거기서 생산되는 농축산물, 석탄, 식료품, 피복(옷) 등은 평양에 올려가고 일부는 관리자(군인) 가족들이 소비한다. 온성군에는 13호

관리소도 있다. 이 2개 관리소에서 생산하는 상품은 온성군 전체 생산량의 2/3를 차지할 정도로 대단한 양이다.

- 다소 특이한 사건이 있었다면.

1986년 가을, 큰 사건이 터졌다. 남자형제 2가족 11명이 완벽한 수용소 철조망을 뚫고 탈출했다. 아무리봐도 귀신이 곡할 노릇이다. 그 삼엄한 철조망과 함정을 어떻게 피해서 탈출했는지 정말 수수께끼였다. 허나 그들은 대략 20일 만에 중국에서 북송되어 왔는데 결과는 이주민 1만 5천 명이 모인 장소에서 공개총살 되었다.

- 정치범은 대체 어떤 이들인가.

일상에서 당국의 정책을 직·간접 비난한 사람들이다. 남조선 및 외국방송을 청취했거나 종교를 설파한 사람들도 있다. 본인은 물론 그 가족까지 연좌제로 들어오니 인원이 많은 것이다.

- 그들에게 공민권은 존재하나.

이주민은 입소할 때 공민증이 회수되고 주거장소에 수령 초상화를 걸 수 없고, 옷에 김일성 배지도 못 달고, 선거에도 참여할 수 없다. 관리자들은 그들을 '말하는 물건' '말하는 돼지'라고 한다.

- 관리자와 수감자 간의 문제도 있는가.

보위지도원은 죄수 여자들을 간혹 강간하기도 한다. 일부 여자들은 "남자와 한 번 연애를 해보고 죽으면 소원이 없다"고 한다. 이해가 간다. 성인들의 성관계는 생리적 현상인데 감옥의 종신죄인은 불가능하니 말이다. 이때 여자는 쥐도 새도 모르게 사라지며 보위지도원은 6~12개월 혁명화(자격정지, 무보수노동)를 받는다.

- 성추행 범죄는 다반사 아닌가.

권력(인사권)을 쥔 간부들이 더욱 그렇다. 자기 마음에 드는 고운 처녀들을 노동당에 입당시켜준다는 명분으로 지속적으로 알게 모르게 성추행을 하는 일도 있었다. 그것도 그 신성한 '김일성 혁명사상 연구실' 안에서 청소를 시키는 걸로 위장하고 말이다.

- 제대는 언제 하였나.

1989년 가을에 제대했고 청진경제전문학교(2년제)를 1991년에 졸업하였다. 이후 청진공산대학(당일군 양성소) 학생과 결혼했다. 남편은 결핵으로 시름시름 앓았고 그 사이 5살 난 아들이 병원에서 의료사고로 1997년 7월에 죽었다. 12월에는 남편도 눈을 감았다.

- 언제 탈북하였는가.

날벼락 마냥 한 해에 사랑하는 남편과 아들을 졸지에 잃고 절망 속에 자살하려고 뚜보쩡(결핵약) 20알을 먹었다. 숨은 멎지 않고 한동안 실어증(사람을 보면 눈물만 나오고 입에서 말이 나오지 않는 병)에 걸렸었다. 고민 끝에 1998년 5월 말 두만강을 건넜다.

- 신변은 위험하지 않았나.

연길에서 2년 동안 약재장사를 하다가 2000년 4월, 공안에 단속되어 무산으로 북송되었다. 온성 보위부에서 조사를 받았으며 중국에서 있었던 상황을 상세하게 종이에 써야만 했다.

- 조사 과정은 어떠하였는가.

조사에서 중국에 있을 때 종교접촉 사실이 있으면 끝장이다. 간수들이 그런 자에게 폭력을 가한다. 아침 5시에 기상하여 밤 10시까지 꼼짝 않고 앉아 있어야 한다. 멀건 죽물이 전부인 식사도 생리적인 용변도 전부 앉은 자리(요강)에서 해결한다. 그렇게 1~2개월 지나 해당 지역 담당보안원이 와서 여성들을 호송하여 간다.

- 놀라운 사례가 있었다면.

중국에서 임신한 23살의 여성이 아기를 낳았다. 여간수의 지시로 아기는 허접한 비닐에 싸서 방구석에 방치해놓았다. 아기는 젖을 달라고 3일간 울고 산모와 우리는 반정신이 나갔다.

- 쉽게 믿기지 않는다.

그렇게 3일이 지나 산모는 석방되어 나가는데 여간수가 물이 채워진 바케스(물받이통)를 갖고 들어오더니 "나도 상급에서 시켜서 하는 일이니 어쩔 수 없다" 하며 아기를 물통에 거꾸로 집어넣었다. 산모와 모든 여성들이 으악!~ 하고 비명을 질렀다.

- 그 광경을 보고 어떤 심정이었나.

미칠 지경, 그 자체다. 내가 태어나 살았던 공화국이 과연 사람 사는 세상이 맞는지 의문스러웠다. 어떻게 살아있는 갓 난 생명을 그것도 인민을 위한다는 군인(여간수)이 살해한단 말인가. 이건 국가도 아니고 사람도 아니다. 북한은 인민을 위한 나라가 아니고 인민을 죽이는 야만집단이고 사회이다. 한없이 저주스러웠다.

- 또 다른 일이 있다면.

내가 수감되었던 때는 5월이었다. 지옥의 불가마 같은 감옥 안에서 굶어 죽고 병나 죽는 시체가 하루에 7~8구씩 나왔다. 그것을 매일 치우는 것이 번거로워 일주일간 모아두었다가 손수레에 실어 어떤 장소에 가서 화장해 버린다. 물론 죄수들이 한다.

- 남한으로 언제 왔는가.

2000년 여름, 무산에서 청진 농포동의 도(道)집결소(감옥)로 이송 도중 기회를 보아 탈출하였다. 한 명의 보안원이 8명의 여성을 호송하는 약간 허술한 틈이 있었다. 이후 두만강 유역 국경 지역에서 숨어살다가 수개월 후 다시 탈북하였다. 2002년 5월 중국, 베트남과 태국을 거쳐 꿈에도 그리운 자유의 땅인 대한민국으로 왔다.

- 정착생활 초기는 어떻게 보냈나.

보험설계사 10년간 했고 불행하게도 교통사고를 당했으며 심한 부상을 입었다. 이때부터 바른 종교적 신앙심을 갖게 되었다. 2012년부터 덕성여대 사회복지학과, 이듬해부터 ○○신학대학교 용인분교를 다녔다. 2019년 6월 〈남북통일전망과 탈북민들의 신앙생활에 대하여〉라는 논문으로 신학박사 학위를 취득했다.

- 국방부 지원 초빙교육강사던데.

군인들을 대상으로 하는 안보교육 강사이다. 2019년 3월, 국방부 지원 초빙교육강사 워크숍 과정을 수료하였으며 자격은 매년 갱신되며 그 심사 기준도 엄격하다. 당연히 강연의 질적 수준도 보지만 대중의 호응도 반영된다. 코로나 이전에는 월 13~15회 강연이 있었는데 지금은 그 절반 수준이다. 그것도 영상으로 한다.

- 어떤 내용의 강의인가.

우선 북한주민들의 열악한 생활실태를 비교적 상세히 알려준다. 전체 주민의 10%인 핵심간부 계층은 그런대로 밥 먹고 살지만 절대 과반은 멀건 죽으로 굶주림에 허덕이는 사실을 알려준다. 그들의 궁핍한 생활은 어디까지나 체제가 잘못되었기 때문이다.

- 상세하게 말해준다면.

외국에서 식량 구입해올 돈은 없어도 핵과 미사일을 만들고 간부들에게 주는 선물구입에 필요한 자금은 아끼지 않는 것이 독재정권 노동당이다. 또한 북한에서 수령 동상, 사적관, 박물관 등 우상화 시설이 없어지지 않는 이상 주민들은 계속 굶을 수밖에 없다.

- 다른 내용이 또 있나.

내가 군사복무를 했던 경험에 비추어 북한 군인들의 실태에 대해 알려준다. 북한군은 10년간의 군사복무를 한다. 이유는 수령 독재정권이 청년들을 군대라는 특수집단에 묶어놓아야 통치가 유리하기에 그렇다. 아까운 청춘시절 10년을 군대에 바치고 제대하는 북한 군인들은 정말이지 젊음의 꿈과 희망을 모르고 산다.

- 주적 북한군을 어떻게 보는가.

비록 강압적이지만 정신교육만큼은 북한군이 우세하다. 총 쥔 병사는 온몸으로 조국을 지켜야 한다는 그 정신은 대단하다. 단점은 신체건강 상태이다. 내가 군사복무를 할 때는 그래도 1일 배급량이 600그램이었는데 지금은 반 정도이다. 너무 배고파 탈영하고 민가를 습격하는 일부 북한 군인들의 모습은 현재도 진행형이다.

- 대한민국의 국군 장병들은.

북한 군인들과 신체를 비교하면 국군이 평균 15cm 이상은 크다. 그것도 분명 군사력 차이다. 가끔 사병들과 함께 군인식당에서 식사를 하는 경우가 있다. 나는 그때마다 "여러분이 드시는 이 식사의 수준은 북한군에서 사단장이 받는 수준과 똑같다"고 말해준다.

- 그들에게 하고 싶은 말은.

자유가 강물처럼 흐르는 우리 조국, 대한민국의 안녕을 잘 지켜 달라. 내가 살아본 북한과는 비교가 안 될 정도로 사람이 살 만한 가치가 충분한 이 땅이다. 사람의 건강도 건강할 때 잘 지켜야 하듯이 국가의 안보도 가장 평화로울 때일수록 잘 지켜야 한다. 우리조국 대한민국 우리가 지키자. 조국이 없으면 우리도 없다. **탈북미녀의 추억**

2. 박예영 ‖ 초급선동원 = 통일코리아협동조합 이사장

사업·문화·교육 유통으로
통일을 준비해요

　분단 76년의 장구한 역사는 어찌보면 실향민과 탈북민, 동시에 통일의 흔적일 것이다. 남북의 권력자들과 정치인들이 누구보다 많이 외친 민족의 통일이고 평화와 번영이다. 7천만 민족은 마음속 깊이에서 불변의 통일 염원을 소중히 간직하고 있다.

　정치적으로 매우 어렵겠지만 만에 하나 뜻밖의 상황에서 통일을 맞는다고 해도 어려운 난관은 이만저만 아닐 것이다. 수십 여 년 동안 서로 반목과 질시를 했던 체제에서 경제, 문화, 교육 등 다양한 분야에서 남과 북은 서로 다른 사회를 구축하고 살아왔다.

　한반도의 통일은 끔찍한 전쟁이 아닌 지극히 평화적 방법으로, 그리고 자유민주주의 체제로 되어야 한다. 대한민국에 들어온 3만 5천 탈북민은 분명 남북을 다 경험해본 특별한 존재이며 이들이 통일 대한민국에 기여함은 전혀 의심의 여지가 없다.

　어쩌면 탈북민들의 남한 정착은 통일예행연습이나 마찬가지다. 어떤 방법으로든 그들이 이 땅에서 잘 정착해야 통일 후 그들을 보며 북한 주민들이 갖는 희망이 크다. 2020년 5월, 서울 모처에서 박예영 통일코리아협동조합 이사장을 만나 이야기를 나눴다.

- 통일코리아협동조합(통협)은.

2013년 11월에 설립되어 다양한 영역에서 이미 온 통일을 살아가는 사명감이 가득한 사람들이 모여 통일가치를 극대화하기 위한 사업을 지속하는 공동체이다. 260여 명의 조합원은 시민단체장, 대학교수, 연구원, 언론·종교·기업인, 주부, 대학생 등 다양한 직업군을 가진 한국인, 탈북민, 해외교포, 외국인들로 구성되었다.

- 구체적으로 말해준다면.

우리 조합의 추진사업은 크게 세 가지인데 통일관련 사업, 문화, 교육의 유통이다. 가장 중점사업은 탈북민 사업가의 자립을 돕는 일이다. 탈북민 사업자는 대략 1,500~2,000명으로 본다.

- 통일 후 남북 경제모델의 표본인가.

이를테면 그렇다고도 볼 수 있다. 무엇보다 탈북민 사업가들의 사업유통을 위한 플랫폼이 절실하다. 그래서 이들이 하는 사업과 제품을 온라인으로 꾸준히 홍보 및 유통하는 일을 주력하여 한다. 탈북민 사업가들을 돕는 일이 사각지대에 있는 탈북민들의 일자리를 늘려가는 일로도 연결되기에 분명 일석이조의 효과가 있다.

- 현재 취급하는 탈북민 기업제품은.

현재는 토마토 착즙, 숙성칡즙, 블루베리 착즙, 천연꿀 등 탈북민들이 직접 제조하는 농토산물이 있다. 또한 탈북민들이 수입 유통하는 non-GMO 해바라기씨유, 짝태(명태), 사탕과자 그 외에 판촉물 등이 있다. 탈북민 기업제품은 전체 상품의 30%정도 차지한다. 나머지는 남한 사람들의 제품으로 모두 통일 관련 상품이다.

- 또 다른 품목이 있다면.

최근에 통협 홈페이지 안에 있던 몰을 네이버에 개설했다. 이름은 '통협몰'(통협의 인터넷쇼핑몰)인데 소비자들의 접근이 아주 쉽다. 통협몰에는 주문제작용 행사티셔츠, 머그컵, 통일보틀, 통일커피 드립백, 원터치 텀블러, 평양성탄절 머그컵, 각종 전자제품 등이 있고 앞으로도 계속 탈북민 사업가들의 제품 입점을 늘릴 계획이다.

- 문화 유통사업은 어떤 것인가.

'찾아가는 통통콘서트' 사업을 통해 통일문화를 유통하는 것이다. 통일전문가의 강의 및 공연, 토크쇼를 통해 일상에서 통일 관련 여러 사안을 함께 알아간다. 남북문화를 공유하기 위한 언어, 음식, 스포츠, 음악 등 문화사업을 적극 추진하고 있다.

- 교육 유통사업은.

아카데미, 포럼, 세미나 등을 통해 청년들을 평화통일 리더로 양성하기위한 교육프로그램을 진행한다. 한류서 보듯 문화의 힘은 크다. 행사문의는 사무국(02-701-1311) 또는 홈페이지로 한다.

- 나서 자란 곳이 어딘가.

1976년 2월, 자강도 동신군에서 태어났고 2살 때부터 함경북도 김책시(해방 전 성진시)에서 살았다. 형제로는 남동생 2명과 여동생이 있다. 1980년대 북한에서 상당한 인기직업의 재쏘노동자(러시아 체류 북한근로자, 벌목공)

출신인 아버지는 김책시 ○○자재상사에서 자재 인수원으로 근무하였고 어머니는 평범한 주부였다.

- 특이한 추억이 있으면 말해 달라.

1993년 6월, 고등학교 졸업(8월)을 두 달 앞둔 시점에서 아주 유별난 일이 있었다. 내가 학급 담임선생을 평상시 학생들로부터 남몰래 챙긴 뇌물 수수, 부정축재, 비리 등의 안건으로 함경북도당위원회 신소과에 무기명으로 신고(민원을 넣는 것)했던 것이다.

- 학생이 선생도 고발하는가.

초유의 일이다. 도당 검열지도원이 내려왔고 필적검사 등을 통해 발각되었다. 학교서는 훈방조치로 끝났고 고교졸업 때 직장 배치에 영향력이 있는 담임선생에게 찍혔으니 희망대로 대학이나 좋은 직장 가기는 틀렸다고 생각했다. 거의 자포자기 했다.

- 어떤 변화의 기회 있었나.

당시 예술영화 '효녀'가 인민들 속에서 상당한 인기리에 방영되고 있었다. 그 영화는 자강도 전천군 상업관리소 정춘실(여) 소장의 일화를 그린 내용이다. 사회 전체적으로 '정춘실 따라 배우기 운동'이 최고 열풍이던 시절이었다. '나도 정춘실 영웅처럼 살리라'는 결심을 하고 어느 날, 자강도 전천군으로 정춘실을 찾아 떠났다.

- 정춘실은 누구인가.

1941년생인 정춘실은 고등학교를 졸업한 16살부터 자강도 전천공업품

상점 판매원(점원)으로 일했다. 이후 그녀는 공업품상점 점장(책임자), 전천읍종합상점 지배인 등으로 재직했으며 1969년부터 전천군 상업관리소 소장이 되어 일을 하였다.

- 당대 대단한 인물이었나.

수령인 김정일은 상업일군 정춘실을 무려 10여 차례나 접견하고 1991년 10월 '정춘실운동'을 발기하고 전국에 일반화하도록 지시했다. 그녀는 두 차례에 걸쳐 김일성훈장(1982/1992) 수훈, 1964년에 이어 1986년 두 번째로 로력영웅 칭호를 받아 2중 로력영웅이 되었다. 정춘실은 1977년부터 최고인민회의대의원(국회의원)이다.

- 정춘실이 뭐라고 하던가.

어렵게 만나 "꼭 전천군에 와서 일하고 싶다"는 간절한 마음을 고백했고 '행정이동서류'를 요구했다. 이후 김책시당 조직비서에게 편지를 썼다. 정춘실 영웅처럼 살고 싶어 자강도 전천군 상업관리소로 가고 싶다는 내용이다. 조직비서는 "정 그러면 김책시 상업관리소에서 일하라"고 직접 상업관리소에 데려가 배치해주었다.

- 김책시 상업관리소는 어떤 곳인가.

김책시의 각 식료 및 공업품 상점을 관리하는 인민봉사기관이다. 나름 좋은 직장이다. 당의 신임을 받아 선동원(정책적 정치선전 담당자)으로 일하면서 한편으로는 '김책시농업전문학교'를 통신으로 입학하여 다녔다. 하루 보통 3~4시간 잠을 자며 휴일도 없이 땀 흘려 일했던 것은 오로지 노동당에 충성하고 싶어서였다.

- 구리(금속) 장사를 하였던데.

입직 2년 뒤인 1996년 8월에 사직했다. 당시 식량배급이 전혀 안 되었고 상급기관에는 "모든 단위는 식량을 자체로 해결하라"고 했다. 이후 '무엇을 할까?' 고민하다가 사촌언니를 따라 구리(금속)장사에 나섰다. 구리 1kg을 김책에서 60원에 사서 중국 국경지역인 혜산에 가서 팔면 300원을 받았으니 제법 이윤이 남는 장사였다.

- 구리 장사는 불법 아닌가.

물론이다. 김책의 '성진제강연합기업소'는 종업원(직원) 1만 명의 특급기업소(남한의 대기업)다. 여기서 생산되는 특수강은 각종 무기생산, 인민경제 주요제품에 쓰인다. 국가서 식량배급을 못주니 일부 종업원들이 기업소 자재(구리)를 몰래 훔쳐 팔았다.

- 엄밀히 나라의 재산 아닌가.

당연히 그렇다. 인민들은 나라의 재산을 훔쳐 쌀을 사먹는 지경에 도달했다. 불법을 단속하는 사람들(공장 규찰대)도 똑같았으니 속으로 이러다 나라가 망하지 않을까 하는 걱정이 들었다.

- 탈북을 결심한 이유는.

혜산에서 5~6개월, 금속장사를 할 때 사람들이 이구동성으로 하는 "중국은 무척 잘 사는 나라이다. 중국에서 3일간 번 돈으로 한 달 식량을 살수 있다"는 소리에 '중국 동경심'이 생겼다. 특히 "중국은 매해 풍년이 들어서 한 해 농사의 양으로 3년도 충분히 먹을 수 있다"는 얘기를 들으니 더욱 중국으로 가고 싶어졌다.

- 들었던 괴이한 소문은 무엇인가.

당시 혜산시장에는 붉은 꽃이 그려진 중국산 이불감을 두고 "중국에서 깡패들이 탈북한 조선(북한)여성들의 피를 뽑아 물감으로 사용했기 때문"이란 말이 돌았다. 또한 남조선안기부 놈들이 중국서 탈북여성들을 납치해 나체사진을 찍어 북한에 보내면 보위부서 그 가족을 3대 멸족시킨다고 했다. 보위부에서 돌리는 유언비어이다.

- 탈북은 혼자 하였나.

어느 날 혜산역서 우연히 알게 된 탈북 브로커(여성)한데 중국의 실상을 듣던 중 만난 고등학교 후배가 "언니! 우리 이래도 죽고 저래도 죽을 바엔 중국 가서 하루라도 실컷 배불리 먹어보자"고 용기를 주었다. 결국 나와 고교후배, 또 다른 여성, 모두 3명이 탈북 브로커의 뒤를 따라 1997년 2월 압록강을 넘었다. 첫 탈북이다.

- 마음이 불안하지 않았는가.

왜 아니겠나. 료녕성 ○○도매시장 상가서 의류가게 직원, 식당 서빙으로 일했다. 2000년 4월 중국 공안에 단속, 북송되었다. 3개월간 집결소(감옥)서 취조 및 강제노역을 하고 풀려났다.

- 한국에는 언제 왔나.

2001년 3월, 다시 탈북하여 중국 ○○시에서 한국인 관광객 가이드를 하였다. 그 업무를 하면서 한국에 대한 정보를 다소 취득했고 태국을 경유해 2002년 7월, 남한으로 입국하게 되었다.

- 통일을 지향하는 사업의 특성은.

우리는 그동안 너무 이념적인 전쟁에 치여 왔다. 이제는 그 벽을 과감히 뛰어넘으면 좋겠다는 마음이 든다. 그래서 우리는 통일을 염원하는 모든 기업들과 적극적인 협력사업을 도모하고 있다. 통협은 수익의 10%를 통일 미래를 위해 기부하고 있다. 개인적으로 더 열심히 하려고 유튜브채널 '박통통TV'도 운영하고 있다.

- 탈북민을 어떤 존재로 보나.

탈북민은 사실 굉장히 상징적인 존재이다. 3만 탈북민의 성공적 남한 정착은 시종일관 매우 중요하다. 그 성과에 따라서 남북한 사람들이 통일할 맛이 날 것이다. 진정 바람직한 통일은 "너와 나의 다름을 수용하고 포용하고 품어주는 것"이라고 생각한다.

- 독실한 기독교인이다.

사실 기독교는 중국에서 처음 접했지만 공안에 단속되어 외면했다. 그러다가 태국 방콕 한인연합교회에서 수개월 지낼 때 예배를 드리면서 예수님을 영접했다. 2004년 감리교신학대학교, 2009년 동대학원을 다녔고 신학석사 과정을 마쳤다. 2019년 5월, 미국 워싱턴D.C 소재 웨슬리신학대학원서 목회학 박사를 받았다. 탈북미녀의 추억

청소년고아원 설립이
통일 후 꿈이다

    누가 뭐라도 한반도 통일의 주인은 미래세대인 청년들이다. 그 중에서도 남과 북의 두 사회를 다 체험한 탈북청년들은 자유민주주의와 사회주의가 어떻게 뭐가 다른지 잘 아는 존재다. 그들이 잘 훈련되어 통일 후 고향으로 가서 할 일은 너무나 많을 것이다.

    철두철미 수령 독재체제인 북한 사회에서 1990년대 중반부터 후반까지 있었던 고난의 행군 시기에 수백만 인민이 굶어죽었으며 수많은 고아들이 발생하였다. 지금은 성인이 되었지만 그 후대들도 별 다른 차이가 없는 가난의 대물림 속에 있는 것이다.

    북한 경제가 궁핍한 상황에서 벗어나기 전에는 인민생활 향상 회복이 어렵다. 지금처럼 수령인 김정은이 핵무기를 전혀 포기하지 않고 조상을 포함한 자기 우상화에 과대한 열을 올리고 있는 이상 절대다수 인민들이 유족한 생활을 하기에는 도저히 불가능하다.

    통일 후 북한의 청소년들을 잘 키우는 것이 무엇보다 중요한 일일 것이다. 그들이 바로 통일 대한민국의 희망찬 미래이기 때문이다. 2019년 11월, 서울 신월동에 소재한 탈북청소년 방과후학교인 '한민족대안학교'를 찾아 최화숙 교장선생을 만났다.

- 한민족대안학교는 언제 설립했는가.

지난 2008년 7월, 탈북 교사 출신의 최 모 교장이 설립한 탈북민 자녀들을 위한 방과후교실로 운영하는 학교이다. 개교는 6명 학생으로 시작했고 선생은 6명, 그 중 3명은 탈북민이고 3명은 남한 분이다. 2012년 4월부터 내가 교장으로 취임하였고 현재 25명의 탈북민 자녀출신 학생과 12명의 선생님이 근무하고 있다.

- 탈북민 자녀에게 한글을 가르치나.

사실 중국에서 태어난 아이들은 완전 중국인이다. 한글을 전혀 모르는 아이들도 우리 학교에 와서 3개월 정도 지나면 한글을 쓰고 읽고, 1년쯤 지나 어떤 대화도 어려움 없이 진행한다.

- 또 다른 유형의 아이들도 있지 않는가.

북한에서 부모가 죽고 형제친척 혹은 지인을 따라 탈북해서 한국으로 온 학생들도 적지않게 있다. 이들에게는 다른 아이들보다는 특별히 선생님과 봉사자들이 더욱 신경을 쓰도록 철저히 당부하며 가급적이면 깊은 관심과 배려를 돌리자고 호소한다.

- 어려움을 느끼는 학생들은.

북한 함경도 말(사투리)은 억양이 강해 마치 욕처럼 들리기도 한다. 이로 인해 탈북 학생들은 때로 학교에서 따돌림을 당하는 경우도 있다. 하지만 우리 학교에서 방과후 수업을 받을 때는 전혀 그런 걱정이 없다. 탈북 교사들이 똑같은 억양으로 교육을 하니 때로는 친근하고 정감이 들기도 한다고 이구동성으로 말한다.

- 그들의 미래를 어떻게 보나.

탈북 학생은 통일의 소중한 인재이다. 남북의 두 제도를 경험했기에 통일 후 북한 재건에 가장 확실히 기여할 사람들이다. 분단과 통일의 두 시대를 역사에 당당히 말할 수 있는 존재들이다. 미래 지향적으로 봐도 탈북 학생 중에서 훌륭한 인재들이 많이 나와야 한다. 그런 소중한 인재들을 양성한다는 사명감을 갖고 일을 한다.

- 선생님들은 자원봉사자인가.

그렇다. 봉사자 선생님들의 모습을 보며 늘 감동한다. 북한에서는 '자원봉사'라는 말 자체가 없다. 굳이 있다면 '충성의 노동'인데 충성심으로 각자 자의로 한다지만 실제는 강제사항이다.

- 고향이 어디인가.

1963년 11월, 함북 회령에서 태어났다. 7남매 중 넷째, 맏딸이다. 아버지는 함경북도안전국 감찰과 예심원, 어머니는 부양(주부)이었다. 1980년 9월, '주을의학전문학교' 약학과에 입학했으나 1년 뒤, 동생들을 돌봐야하는 사정으로 아쉽게 퇴학했다.

- 이후 경력을 말해 달라.

은덕군 ○○협동농장 축산반에서 일을 했다. 1년 뒤, 군당학교 사로청반 6개월 과정을 졸업하고 축산반(사로청원 20명) 초급단체위원장으로 활동했다. 20명의 사로청원들의 정치사상 및 조직생활을 통솔하는 위치에 있으니 어깨가 으쓱했다. 일 잘하기로 소문이 난 것은 물론이고 노동당에 입당하겠다는 열성도 꽤 높았다.

- 축산반 일은 어떤 것인가.

　소, 돼지, 양, 염소, 토끼 등을 기르는 곳이다. 소는 500마리, 돼지는 1,000마리, 양과 염소는 각각 700마리 정도 있었다. 내가 5년간 축산반에서 일하며 가축을 잡아 농장원들에게 공급한 적은 없었다. 농장간부들의 지시로 돼지나 염소 등은 자주 잡는데 고기는 상급기관(군당, 군인민위원회, 안전부 등)에 올려간다.

- 다소 흥미로운 일은.

　소는 국가(농장) 재산으로 되어 있기에 병들어 죽지 않는 한 일부러 도살을 못한다. 가령 병들어 죽으면 도살하는데 그때 고기는 전부 상급기관에 올라가고 내장은 우리에게 차려진다.

- 어쩌면 일종의 대우이겠다.

　맞다. 그것을 끓여 먹어도 배탈은 없다. 간부들은 항상 저들이 필요하면 어느 때든 돼지와 염소를 잡는데 그때 서류에는 병들어 죽은 것으로 거짓 기록한다. 나는 양사육 분조에서 일했다. 양은 털 생산을 목적으로 사육하며 죽으면 그것도 간부들이 와서 가져간다.

- 가정 이야기를 해준다면.

　처녀 때 5~6회 정도 괜찮은 혼사(미팅) 자리도 마다하고 23살에 27세의 인민군 군관(장교)에게 시집을 갔다. 그러나 남편의 정신질환성 폭력이 잦았고 그런 문제로 제대하여 ○○송배전소 전기기사로 일을 했다. 국가 식량배급은 없고 남자들은 장사를 못하게 했다. 10살 넘은 두 아들을 키우자니 어쩔 수 없이 장사에 나섰다.

- 어떤 품목의 장사를 했나.

연로보장(정년퇴직)을 받은 아버지는 ○○군 시골에서 담배농사를 개인 부업으로 하였다. 거기서 담배를 받아서 나진선봉으로 가서 팔고 수산물을 사와 중국 보따리 장사꾼들에게 넘기면 5~6배의 이익이 남았다. 제법 쏠 쏠하게 돈이 되는 장사였다. 그 일로 돈을 모아 그것을 밑천으로 중국 보따리 장사에 접어들었다.

- 당국이 허가한 '사사여행자'인가.

그렇다. 사사여행자증명서(친척방문 허가증, 일종의 여권)는 함경북도당위원회 외사부에서 발급한다. 중국 친척 주소가 맞고 합당한 사유 조건에서 방문기간을 지정해 승인하는 정책이다.

- 생활의 어려움은 크게 없었겠다.

비교적 그랬다. 1992년과 1994년 두 차례 중국 연길에 있는 친척집을 방문하였다. 주로 가져갔던 물건은 건어물, 버섯, 고사리 그리고 US달러 등이었고 나올 때는 TV, 녹음기, 약품, 자전거, 의류 등을 갖고 와서 시장에 팔면 3배 이상 이윤이 남았다.

- 상세하게 설명해준다면.

내가 장사를 하여 돈을 버니까 무엇보다 두 아들이 기죽지 않고 학교생활을 하는 것이 좋았다. 그 속에는 학교 담임선생에게 꾸준히 갖다 바치는 뇌물(쌀, 담배, 술)도 분명 있었다. 다르게 생각하면 허탈한 기분이 조금 드는데 사회가 워낙 그런 풍조이니 어쩔 수 없다. 안전원, 보위원에게는 항상 뇌물을 바쳐야 살 수 있다.

- 언제 탈북을 하였는가.

우선 남편의 폭력에서 꼭 벗어나고 싶었다. 13살 때 어머니를 잃고 엄마의 사랑 없이 자란 나였고 시집가서는 남편 복 없이 거의 매 맞고 살았다. 두 아들이 눈에 밟혀 자살도 못했다. 그들을 제대로 키우려면 돈이 있어야 했다. 돈을 벌려면 위험하지만 탈북을 해야 했고 1998년 6월 8일 눈물의 강, 두만강을 건넜다.

- 이국에서 숨어 지낸 생활은.

연길 시장에서 피복(옷감, 천류)을 받아 집에서 재봉(재단)하는 일을 하면서 연길○○교회에 나가게 되었다. 중국 당국이 허가한 공식교회이며 거기서 예배를 드리면서 하나님을 만났다.

- 사회주의 나라, 중국의 교회가 궁금하다.

대략 1980년대 이후 중국 당국은 교회설립을 공식 허가했다고 한다. 조건은 직경 1,000m 안에 2개 이상 세울 수 없으며 성도 수와 시설에 대해 당국의 승인을 받아야 한다. 불법으로 생긴 교회들이 많은데 그것을 일명 '지하교회', '가정교회'라고 한다. 불법 교회는 발각되면 중국 돈 500원(한화 10만 원)의 벌금을 낸다.

- 일종의 주민통제, 감시가 아닌가.

그렇게도 보인다. 또한 무서운 규정이 있다. 만약 중국 교회서 한국 선교사를 받으면 중국 돈 3만 원(한화 500만 원)의 벌금을 물린다. 거기에 탈북자를 숨겨주거나 교회 성도로 받으면 목사는 법정구속(경찰입건) 된다. 규정은 어디까지나 이렇게 엄한데 일부 중국 공안(경찰)은 어느 정도는 눈감아 주는 경우도 드물게 있다.

- 아주 힘든 고비가 있었다면.

두고 온 두 아들 때문에 북한에 다시 가려고 했다. 하나님을 알았으니 죽음 따위는 두렵지 않았다. 북한 보위부 취조와 고문을 받겠지만 그것도 하나님이 주신 축복으로 달게 받으려 했다.

- 서울에는 언제 왔는가.

북한으로 재입북도 쉽게 뜻대로 되지 않았다. 남한에서 온 선교사님과 함께 기도하면서 설득을 받고 마음을 고쳐 먹었다. 내가 우선 살고 두 아들을 꼭 살려야 한다고 결심했던 것이다. 2002년 11월 라오스, 태국을 거쳐 종교자유의 땅, 한국으로 오게 되었다.

- 사회생활은 어떻게 시작했나.

중국에서 교회를 다닌 경험이 있었기에 남한에 가면 꼭 신학공부를 하겠다는 간절한 생각이 있었다. 2004년 3월부터 대전침례신학대학교 신학과에서 사회복지학과를 복수 전공했고 2008년 2월에 졸업하였다. 이듬해 총신대학교 신학대학원(석사과정, 3년제)을 졸업했고 2015년 국제신학대학원에서 박사과정을 수료했다.

- 조금 실망스러움은 뭔가.

일부 학부모들의 잘못된 인식으로 마음이 아플 때가 있다. 마치도 학교 선생님들이 자기 아이들 때문에 먹고 산다는 식으로 알고 있는 경우도 있다. 학교 운영비의 일부는 국가보조금도 있지만 적지 않게 후원금으로 충당한다. 그 후원금을 마련하려고 교장인 내가 여기저기 발이 부르트도록 뛰고 또 뛰는 것이다.

- 최 교장의 꿈은 무엇인가.

이제나 저제나 간절한 소원인 통일이 되면 북한의 고향으로 가서 청소년고아원을 짓고 경영하는 것이다. 내가 탈북한 후 두 아들은 고아원에 들어가 살았다. 큰 아들은 너무 배고파 고아원에서 가출하여 행방불명이 되었고 둘째 아들은 한국으로 데려왔다.

- 당시 소감은 어떠했나.

아들의 증언을 들으면 기가 막히다. 아이들이 먹지 못해 하루아침에 몇 명씩 시체가 되어 나갔다고 한다. 그 속에서 살아 나온 아들은 현재 신학공부 준비 중이다. 하나님께서 나와 아들에게 베풀어준 감사이고 사랑이다. 지금 와서 생각해보니 내가 남한에 온 것도 그리고 지금까지 건강한 모습도 모두 하나님 은혜이다.

- 감사의 마음과 결의는.

남한에는 사선을 넘어와 이땅에 어렵게 정착하는 우리 탈북인을 알게 모르게 후원하는 훌륭한 분들이 많다. 따뜻한 그 마음에서 동포사랑의 한없는 정을 느끼며 감동한다. 고마운 그들에게 늘 감사한 마음이고 열심히 사는 모습으로 꼭 보답하겠다. **탈북미녀의 추억**

잦은 정전으로 가다 서다를
반복하는 철도열차

나는 1980년대 초반, 평양서 부모님의 고향인 함경북도 길주로 열차여행을 간 적이 있다. 밤 10시 평양역을 출발한 최대급행열차가 익일 오전 8시에 도착했으니 꼬박 10시간을 달린 것이다. 준급행열차는 15시간, 완행열차는 24시간 정도 소요된다.

지난 1997년 봄, 남한으로 와서 대단히 놀란 것 중의 하나가 바로 철도열차였다. 서울서 부산까지 구간을 5시간 정도 달렸으니 북한열차에 비하면 두 배 이상 빠른 것이다. 거기에 2000년대 들어서 KTX고속열차가 생겼으며 그 시간은 또 반으로 단축되었다.

비단 열차의 속도에만 놀란 것은 아니다. 남한에서 열차여행은 국가기관의 승인 없이 국민 누구나 자유롭게 할 수 있다는 것도 아주 신비했고, 열차 내부가 상당히 깨끗하고 대낮에도 객실의 조명등이 환하게 켜진 것도 거듭 감탄사가 나올 법한 일이었다.

북한에서 행정 당국(인민위원회, 안전부)의 엄격한 여행허가를 받고 인민들이 어렵게 이용하는 철도열차의 봉사수준은 너무나 한심하다. 2019년 4월, 북한철도 열차원(승무원) 경력을 가진 유정은 씨를 서울 종로5가 한국기독교회관 커피숍에서 만났다.

- 자신을 소개해준다면.

1977년 8월, 함경북도 경흥군에서 태어났으며 경흥군은 그해 9월 은덕군으로 개칭되었다. 학송리에 남한에서 많은 탈북민들의 증언을 통해 널리 알려진 그 유명한 '아오지탄광'이 있다. 정확한 이름은 '6월13일 탄광'이다. 4살 때부터 평안북도 선천에서 살았으며 아버지는 선천장독공장 노동자, 어머니는 가정주부였다.

- 사회생활 경력을 말해 달라.

1993년 8월 선천○○고등중학교를, 1996년 가을 청진철도전문학교(2년제)를 각각 졸업하였다. 이후 청진철도국 직속 열차승무대 소속 열차원(승무원)이 되었다. 사회여성들 속에서 철도전문학교를 졸업하고 열차원이 되는 것은 다소 부러워하는 직장이다.

- 철도 열차원이 하는 일은.

열차원은 한 객차(좌석 90석 정도) 당 2명씩 배치된다. 객차 내부 정리정돈과 청소, 손님 중 불편사항 관찰 및 발견, 승객들에 대한 차표검열 등을 전문으로 한다. 열차 운행 중 양쪽에서 열차원이 승객 손님들의 차표를 깐깐이 검열하는 방식이다.

- 승무원의 세도가 그렇게 센가.

그렇다고 볼 수 있다. 객실에서 차표 검열 중 무임승객을 적발하면 지정된 역에서 강제 하차할 것을 지시한다. 자연히 목소리가 높아지는 것이다. 손님들은 열차원의 자리까지 뇌물을 주고 이용하는 형국이니 승객들에게 큰소리 탕탕치는 열차원이다.

- 대략 무임승차 손님은 어느 정도인가.

　내가 열차승무대에 입직한 1996년도는 보통 초과인원이 5~6명 정도였다. 그러나 '고난의 행군'이 시작된 1997년 이후 사정이 극도로 나빠졌다. 정원에 무려 4~5배에 달하는 승객들이 무임승차로 열차를 이용했다. 승객 전부는 생계를 위해 장사를 다니는 사람들인데 보통 자기 체구만한 커다란 짐을 2~3개씩 갖고 다닌다.

- 가장 최악의 상황은.

　승객들로 꽉 찬 열차 내부는 항상 만원이다. 하루 2~3명이 질식되거나 혹은 승객들의 발길에 밟혀 죽는다. 시신은 발견되면 무전기로 다음 정차역에 알려주고 시신을 그 역에 내려놓는다.

- 지옥이나 다름없지 않는가.

　정확히 그렇다고 보면 된다. 차량 유리창은 전부 깨졌고 개인승객들이 준비한 비닐을 창문에 가리고 추위를 견딘다. 열차 지붕에도 무임승차 승객이 꽉 찬다. 열차가 터널에 진입할 때는 몸을 납작 엎드려야 한다. 그러지 않고 허리를 조금 폈다가는 고압선이나 겨울철 터널천장에 매달린 고드름에 부딪쳐 죽는 경우가 다반사다.

- 왜 철도 이용자가 많다고 보나.

　북한에서는 전국 지역을 합법적으로 운행할 수 있는 대중교통이 철도가 유일하다고 해도 과언이 아니다. 며칠에 한두 번 도(道)와 군(郡) 안에서 운행하는 버스가 있긴 하지만 원유 사정으로 모두 정지되었다. 화물차 적재함에 사람이 타고 다니는 것은 보통이지만 그 화물차도 귀한 보물단지 마냥 흔하지 않은 것이 현실이다.

- 승무원으로 올랐던 열차는.

무산-청진-평양행 제13, 14열차였다. 무산에서 청진을 거쳐 평양으로 갈 때는 열차번호 13이고, 반대로 평양에서 무산으로 올 때는 열차번호 14가 된다. 무산에서 청진까지는 완행으로, 청진에서 평양까지는 준급행(중간급 급행)으로 운행한다.

- 열차운행 소요 시간은 어떻게 되나.

청진을 떠나 종착역인 평양까지 걸리는 시간(정차시간 제외한 운행시간만)은 19시간이고, 평양에서 무산까지 오는 시간은 23시간이다. 그런데 열차가 운행시간보다 정차시간이 더 오래되어 무산에서 평양까지 7일간 소요된다. 월요일에 떠나면 토요일에 도착한다.

- 열차가 왜 느리게 가나.

정전(전기가 들어오지 않는 것) 때문이다. 짧으면 3시간, 길면 10시간 이상 정차된다. 열차가 운행 중 정전이 되기도 한다. 그러면 노천이 그대로 삶의 터전이 되는 것이다. 여름이면 그나마 나은 편인데 겨울에는 정말 죽을 맛이다. 열차 칸 내부는 냉장고라고 해도 과언이 아니다. 사람열기, 담배연기가 그나마 온도를 보장해준다.

- 열차 안내방송은 어떻게 시작하는가.

종착지를 향해 열차가 출발하면 "즐거운 여행길에 오른 손님 여러분! 안녕하십니까. 저는 오늘 본 열차의 담당열차원으로 이 열차의 종착역인 평양역까지 함께 갑니다. 손님들이 차 안에서 지켜야 할 몇 가지 준칙을 알려 드리겠습니다"고 방송한다.

- 방송 내용은 무엇인가.

이어서 사회질서를 잘 지키라는 내용의 김일성·김정일의 교시를 낭독한다. 종착역을 가까이 할 때는 "손님여러분! 우리 열차는 위대한 영도자 김정일 장군님께서 계시는 평양역을 가까이 하고 있습니다. 조선혁명의 성지인 평양은 주체조선의 수도로 세계 5대양 6대주의 사람들이 무한히 부러워하는 최고 도시입니다"고 한다.

- 열차 종착역에서의 일과는.

13열차가 평양에 도착해서 14열차로 무산을 향해 출발할 때까지 옹근 하루하고 반나절의 시간이 있다. 이 시간에 철도여관에서 쉬기도 하고 평양 시내 구경도 할 수 있다. 공원, 극장, 유원지 등을 찾아 휴식할 수도 있으나 그건 어디까지나 배부를 때 하고픈 행동이다. 열차원도 그 시간에 열심히 장사를 하는 것이다.

- 열차원이 무슨 장사를 하는가.

열차원만큼 크게 장사를 하는 사람도 흔치 않다. 주로 평양에서 식량을 사서 청진으로, 청진에서 평양으로 중국산 공산품을 열차에 실어 운송한다. 적게는 20%, 많기는 50% 이윤을 남긴다.

- 남들이 많이 부러워하겠다.

고난의 행군시기 열차원들은 대부분 장사를 했고 돈 없는 열차원은 남의 짐을 운송해 운임이라도 받을 정도였다. 당시 "열차원의 가정은 굶어죽지 않는다"는 말이 나돌 정도였다.

- 승무했던 열차 내부를 소개해 달라.

우선 상급차(칸)와 침대칸이 있다. 상급차는 미닫이문이 설치된 4인 1실의 특별칸이 모두 10여 개 있는 차량이다. 주로 도(道)급 이상 단위의 간부들이 사용한다. 침대칸은 6인 1칸 부스의 자리가 10개 이상 있는 차량으로 이곳을 이용하는 승객은 거의 전부가 간부들과 돈 많은 사람들이다. 그리고 군인칸과 일반칸이 있다.

- 탈북 동기는 무엇인가.

2002년 1월 중순쯤, 5년 전 중국으로 먼저 탈북한 언니한테서 느닷없이 브로커를 통해 연락이 왔다. 다른 특별한 소리는 없었고 "그냥 돈을 주겠으니 회령 부근 두만강 지역(국경지대)으로 남몰래 오라"는 것이었다. 너무나 귀가 솔깃하여 언니의 말을 따랐다.

- 중국에서 본 북한은 어떠했나.

참! 기가 막혔다고 할까. 무엇인가 단단히 속았다는 공허함을 크게 느꼈다. 중국 연변에서 언니 말대로 며칠을 있어보니 '세상에 북한 같은 독재국가가 없구나. 인민에게 세뇌 교육하는 나라도, 가난하고 굶주린 나라도 세상에 없었구나' 하고 생각했다.

- 언제 남한으로 입국 했는가.

2개월 뒤 청도로 옮겨 거기서 수개월 머물렀다. 청도에서 'Happyi' 회사에서 일할 때 한족들은 미싱을 하고 조선족들은 사무실에서 일했는데 나는 현장과 사무실을 오가며 검사일과 통역을 했다. 나는 완전한 조선족으로 신분을 감추었다. 2002년 6월 청도를 떠나 곤명, 베트남, 캄보디아, 태국을 거쳐 12월에 한국으로 왔다.

- 사회생활 초기는 어떻게 보냈나.

너무나 고맙고 은혜롭게도 나를 수양딸로 삼아주신 ○○교회 모 장로님과 권사님의 주선으로 멋있는 남한 남성과 결혼을 했다. 회사원인 남편은 아주 성실했고 가정에 많이 충실하다. 나와 가족을 사랑해주는 마음만큼은 세상에서 최고의 남편이다.

- 남한에서의 무슨 공부를 하였는가.

지난 2005년 한국외국어대학교 중국어과에 입학하여 2010년에 졸업하였다. 도중에 결혼하고 낳은 아이를 키우느라 1년간 휴학을 하였다. 이후 장로회신학대학교 신학과, 신학대학원 M.DIV 석사과정을 열심히 마쳤으며 2018년 10월 목사안수를 받았다.

- 언제 신앙을 가졌고 경력은.

신앙은 탈북 과정에 가졌다. 베트남에 머물고 있을 때 정말 사람답게 살고 싶으니 죽으나 사나 한국으로 가게 해달라고 하나님께 간절히 기도하면서부터다. 2013년부터 '의정부신곡교회' 교육전도사로 3년간, 2016년부터 이듬해 4월까지 '양주강북제일교회' 전임전도사로, 이후 지금의 '의정부은혜하나교회'를 개척하게 되었다.

- 현재 담임하는 의정부은혜하나교회는.

지난 2017년 8월에 설립된 '의정부은혜하나교회'는 경기도 의정부시 신
곡동에 위치하고 있다. 화목한 가족 같은 분위기가 물씬 풍기는 곳이다. 교
회 규모는 25평, 성도 절반이 탈북민이다. 처음부터 탈북민과 남한 사람이
함께 예배를 드리는 것을 지향했다.

- 이유가 무엇인가.

남북이 함께하는 통일을 꼼꼼이 준비하기 위해서다. 개척한 지 얼마 안
되어서 성도 수는 그리 많지 않지만 항상 감사한 마음으로 행복한 목회를
하고 있다. 물질과 욕심을 버리고 진심으로 하나님을 경배하는 예배를 드
리는 것이 가장 중요하다고 본다.

- 고마운 분이 있다면.

신앙인으로 답하면 당연히 하나님이다. 저 지옥의 땅에서 벗어난 이 비
천한 몸을 남한으로 안전하게 보내주신 분이 아버지 하나님이다. 남들이 하
기 힘든 결혼도 빨리하고 금쪽같은 두 아이도 주셨으니 왜 고맙지 않겠는
가. 자유가 강물처럼 흐르는 대한민국에서 사는 것이 꿈만 같은데 이 행복
도 모두 하나님 덕분이다. 　탈북미녀의 추억　

수도 평양의 인민반장은
이런 일을 한다

미지의 세계 북한은 수령(최고지도자)인 김정은의 호통(지적) 한 마디에 2천만 인민이 일사분란하게 움직인다. 민간, 국가기관, 군대 등 어느 부문 할 것 없이 수도 평양에서 저 멀리 북변의 두메산골, 서해의 작은 섬에 이르기까지 하나같이 기계처럼 말이다.

불가사의한 이런 일이 가능한 것은 유치원생과 의식불명의 환자를 제외한 전체 인민이 정치조직에 가입되었기 때문이다. 그 속에서 수령 우상화 학습, 강연, 사회주의 우월성 교양, 외부세계(남한과 미국 등) 성토모임 등을 위한 사상 조직생활을 한다.

이렇게 해당 행정소속 기관에 있는 여러 정치조직 외에도 본인 거주지에서도 유사한 정신관리 생활을 하는 것도 특이하다. 그것은 일명 '인민반 생활'이라고 불리는 것이며, 여기에는 주로 주부(가정부인)들이 많이 소속되어 철저한 사상생활을 하고 있다.

사실상 세상에서 가장 무지몽매한 북한 주민들은 잠자는 시간을 제외하고 전부 당국의 시시콜콜한 간섭과 통제 속에 산다고 해도 과언이 아니다. 2018년 8월, 과거 평양에서 '인민반장'을 했던 차경숙 대북방송원을 서울 종로 인의빌딩에서 만났다.

- 고향이 어디인가.

1955년 7월, 평양에서 태어났다. 형제는 7남매 중 둘째였고 아버지는 군인(대좌, 인민무력부 후방총국 근무), 어머니는 주부였다. 1972년 3월, 장산 고등중학교를 졸업하고 인민군대에 입대하였다. 평양의학대학 입학시험 에 합격하고도 굳이 인민군대에 탄원한 것은 '영예스러운' 조선노동당원이 되기 위해서였다(웃음).

- 어떤 부대에 배치 받았는가.

입대한 부대는 공군사령부 소속 80로켓여단(황남 재령군 주둔)이다. 3년 간 병사(사병)생활을 하고 3개월 군관학교 강습을 받았다. 이후 후보당원, 본 여단 1대대 소대장(소위)으로 임명되었다.

- 군인들에 대한 물자 공급은.

내가 군사복무를 한 1972년부터 9년간의 실태는 이랬다. 식량 배급은 병사 1인당 800g 백미, 부식물 60%는 국가가 보장, 40%는 부대 자체 해 결하는 체계였다. 그러니 상부로부터 "각 대대, 중대 별로 돼지를 기르라! 염소를 기르라!"는 명령이 하달되었다.

- 또 다른 상황은 어떤 것인가.

대대에서 이번 명절부식공급 돼지고기는 어느 중대가 맡으라는 식이다. 허면 "알았습니다!"고 명령을 집행한다. 부대서 기르는 돼지가 시원치 않 으면 민가에서 도둑질해오기도 했다.

- 어떤 훈련을 하였는가.

당시 로켓여단은 북한군에서 유일하게 혼성(남·여) 부대였다. 훈련 중 고공사격은 로켓으로 남군이 맡고 저공사격은 37미리, 14.5미리 고사포 등으로 여군이 맡는다. 대대에 남군 180명이고 여군 65명인데 대략 3:1 비율이다. 훈련은 상급 지휘관의 감독 하에 항상 긴장되고 동원된 태세로 실제 전투적 분위기에서 실시했다.

- 여군 생활의 에피소드가 있나.

정치상학(사상학습)과 오락회시간 때 남녀군인이 서로 반기는 눈길과 표정만 보여도 주변에서 "눈이 맞았다" "풍기문란하다" 등의 소문이 돈다. 그게 기분이 좋기도 하지만 상황에 따라 나쁘기도 하다. 심지어 식당 화구 당번을 서는 남군에게도 그랬으니 말이다.

- 제대는 언제 하였는가.

1980년 6월, 제대하여 평양시 선교구역 수산물종합상점에 배치 받았다. 북한에서는 식당이나 상점, 남새(야채)도매소 같은 인민생활 봉사 단위에 근무하는 것이 많은 사람들의 희망이다. 당시 평양시민에게 겨울철이면 가정마다 동대 20kg, 나시마, 미역 등이 배급되었다. 식량배급도 정상적으로 주던 때라 사람들의 인심도 후했다.

- 사회생활이 힘들지 않았는가.

제대하여 이듬해 결혼하고 딸 둘, 아들 하나를 낳았다. 애를 키우며 직장생활하기가 보통 힘들지 않아 좋은 직업이었지만 7년 뒤에 사직했다. 수산물종합상점이 비생산단위(제조공장이 아님)여서 각종 사회동원이 많았었

다. 모두 상급당(구역당)에서 내려오는 당적 지시사항이기에 거부는 고사하
고 무조건 따라야만 한다.

- 제대군인 당원의 긍지는 있었나.

꿈 많은 처녀시절 멋진 군사복무를 하면서 자랑스럽게 취득했던 '조선노
동당원증'이 애물단지라는 걸 이때 처음 알았다(웃음). '당원'이기에 시장에
나가 장사도 하지 말아야 하고 더구나 집에서 놀면 안 된다는 것이다. 사회
직장에 나가서 일하라는 압력이나 같다.

- 인민반장은 언제 되었는가.

무엇을 할까? 가만히 놀 수 없는데… 하고 고민하던 중 동사무장과 분주
소장의 공동추천으로 '인민반장'이 되었다. 쉽게 된 것은 바로 '당원'이기
때문인데, 그게 사람을 울고 웃기게 한다. 평양시 선교구역 산업1동 제22
인민반(35세대, 가호) 반장이었다.

- 정확히 '인민반'에 대해 말해 달라.

굳이 비교하면 남한의 통·반과 비슷한 인민반은 북한사회 말단 행정보
조 조직으로 30~40가구로 구성되었다. 상급기관은 해당 구역(남한의 구청)
인민위원회다. 당의 지시전달, 노동력 동원, 마을청소, 공공질서유지, 사고
예방대책 등을 토의한다. 인민반장은 유급일군(공무원의 80%의 식량배급과
40%의 임금을 받음)이다.

- 회의도 제법 있지 않은가.

당연하다. 매일 오전 9시 동사무소에서 사무장(동장) 혹은 동당비서가 주

재하는 '인민반장회의'가 있다. 노동신문 독보 및 일일과제를 받는데 무슨 지원물자를 내라, 무엇을 하라는 소리이다. 대략 한 시간 가량 반장회의를 마치면 집으로 돌아간다.

- 그것이 끝인가.

아니다. 이후 각 가정(가호)을 돌면서 성인들이 출근은 했는지? 아이들은 유치원과 학교에 갔는지? 별다른 일은 없는지? 등을 꼼꼼히 점검하고 다음 날 과제물 수행을 위한 사업계획 등을 수립한다. 그 결과는 저녁 5시에 다시 동사무소에 나가 사무장에게 구체적으로, 동네 사회안전 질서와 관련한 건은 분주소(파출소)에 가서 보고한다.

- 인민반 숙박검열은 뭐나.

외지에서 온 손님이 친척인 어느 집(인민반 내)에 묵겠다는 이유를 분명 밝히고 인민반장한테 승인을 받는 것이다. 인민반장은 이유가 합당하면 승인을 하고 그것을 즉시 분주소(파출소)에 가서 보고한다. 숙박검열의 명분은 외부서 침투하는 간첩이나 이상한 사람을 적발하기 위한 것이라지만 실제로 교묘한 수법의 주민감시 체제이다.

- 가스검열은 또 무엇인가.

많은 가정이 겨울철이면 석탄을 때는데 유독가스가 발생할 경우가 있어 이를 방지하는 순찰이다. 밤 12시, 새벽 5시 경에 각 가정을 돌며 집주인 한테서 '안전하다'는 확인도장을 받는 식으로 점검한다. 평양시 온수난방은 대략 40% 정도이다.

- 인민반장 업무서 제일 중요한 것은.

위생검열이다. 각 가정의 위생상태를 검열하는데 가장 우선은 김일성 초
상화가 깨끗이 보존되는지 확인하는 것이다. 김일성광장에서 자주 진행하
는 '100만 평양시 군중시위 및 열병식'과 외국정상 및 대표단이 입성할 때
시내도로에서 펼치는 환영행사가 있다. 여기에 참가할 인원들을 선별하고
환영도구 등을 준비해야 한다.

- 또 다른 과제도 있는가.

해마다 인민군창건절을 맞아 군대원호물자(치약, 칫솔, 수건, 비누 등)를 집
집마다 걷어서 동사무소에 바친다. 또한 농촌동원 계절에는 호미, 낫, 모뜨
기의자 등 각종 작업도구를 수집해 바쳐야 한다. 그리고 평양 시내 각 건설
현장을 다니며 충성경쟁선동을 하는 것이다.

- 특별히 기억에 남는 일은.

1994년 7월, 김일성이 사망하고 이듬해 5월부터 평양시 식량배급 중단
이라는 초유의 사태가 발생하였다. '인민반장회의'에서는 "미제와 남조선
괴뢰들의 간악한 경제제재 때문이며 앞으로 전폭적인 국제사회의 지원이
있을 것이니 조금만 참자"고 했다.

- 사람들은 그 말을 쉽게 믿는가.

믿든, 안 믿든, 그건 본인들의 자유이지만 분명한 것은 그 내용에 대해
서 따지지도 의심을 갖지도 못한다는 것이다. 바로 당의 방침(수령의 지시)
이기 때문이다. 매 인민반에서 두 가정씩 선정해서 상급기관에 보고했더니
그 집만 식량을 2~3일분씩 공급했다. 우리는 능쟁이풀을 옥수수밥에 섞

어 먹었는데 신체가 퉁퉁 부어올랐다.

- 탈북동기를 말해 달라.

무엇보다 국가가 식량배급을 안 주니 자식들을 굶기거나 영양실조로 허약자가 될 것 같은 생각이 선뜻 들었다. 하여 18살인 큰딸을 함경북도 무산에 있는 친척집으로 식량구입을 보냈다. 두 달이 지나도 소식이 없어 내가 작은딸을 데리고 무산으로 갔다.

- 현지 상황이 어떠했는가.

무산에 와보니 큰딸은 중국으로 돈벌이를 간다는 것이 인신매매를 당했고 나와 작은딸도 그 뒤를 따랐다. 너무 배고파 돈이 되는 일이라면 무엇이든 닥치는대로 할 태세였다. 그것이 1997년 10월이었고 첫 탈북이었다. 이후 두 번이나 강제 북송되었고 노동단련대, 집결소에서의 고초를 겪었으며 다시 탈북하여 중국에서 6년을 보냈다.

- 헤어진 자식들과 어떻게 만났나.

중국에서 2001년 2월, 〈송화강잡지〉에 300위안을 내고 사랑하는 딸을 찾는 광고를 실었다. 다음해 12월 전화가 왔고 6년 만에 헤어졌던 딸을 만났다. 이후 ○○지역에서 노래방주방, 과일장수 등을 하면서 돈을 북한에 보내 아들까지 탈북시켰다.

- 한국으로 언제 왔는가.

노동당에 절대적으로 충성하였기에 받았던 직함인 제대군관(예비역 장교), 조선노동당원, 인민반장 등 이런 것이 아무런 소용없었다. 탈북자이니

까. 중국에서 탈북자 신분으로 숨어산다는 것은 정말이지 살얼음판을 걷는 심정이다. 2003년 3월, 청도를 출발하여 베트남과 캄보디아를 거쳐 그해 6월 가족이 모두 남한으로 왔다.

- 북한인권운동을 하였던데.

지난 2004년 8월과 10월, 워싱턴 미국의회에 가서 탈북여성들의 인권 상황을 생동하게 증언하였다. 내가 중국에서 6년간 딸과 함께 살면서 마치 동물처럼 이리 팔리고 저리 팔려갔던 끔찍한 이야기를 사실 그대로 증언했다. 탈북여성들의 중국에서 비참한 생활 실상은 꼭 국제사회에서 인지하고 대책을 세워줘야 한다.

- 다른 활동은 또 무엇을 하는가.

2005년부터 현재까지 자유북한방송, 자유아시아방송 등 여러 대북방송의 방송인으로 활동하고 있다. 2011년 통일교육원에서 8주간의 교육을 수료하고 '통일교육전문강사'가 되었다.

- 대북 방송인의 사명은 뭐라고 보나.

진실을 알리는 것이다. 우리가 북한 정권에 속아 평생을 거짓과 위선에 눌려 살았다. 대한민국에 와서야 비로소 5천만 국민이 주인된 자유민주주의 세상을 알았다. 아직도 북한에 남은 2천만 동포들은 김정은을 맹목적으로 숭배하며 살아야 하니 얼마나 불쌍한 존재들인가. 그들에게 정의와 진실을 알리는 것이 사명이다. **탈북미녀의 추억**

6. 김영순 ‖ 외국여행자상점 상급지도원 = 정치범생존자모임 대표

수령의 사생활 내막을
알았던 죄

필자는 1997년 3월, 망명요청 차 들어갔던 쿠웨이트 주재 한국대사관에서 "최근 남한에서 김정일의 처조카 이한영 씨가 피살되었다"는 이야기를 듣고 무슨 소리인지 몰랐다. 1980년대 초반, 모스크바 유학 중 서울로 망명한 김정일의 친척인 이한영이다.

내가 남한에 입국한 뒤로 황장엽 조선노동당비서가 해외출장 차 베이징에서 탈출하여 3국을 거쳐 서울로 왔다. 로열패밀리 이한영과 고위망명인사 황장엽, 두 사람은 북한 체제의 속성 특히 수령(대통령)의 일부 사생활과 비도덕성을 세상에 폭로하는 데 일조했다.

누군가의 꾸준한 노력에 의해 증언 및 기록되는 역사는 후대들에게 귀중한 교과서가 될 것이다. 한반도 북쪽지역에서 잔인무도한 김가 수령 3대가 70여 년을 넘어 100년을 향해 일당독재 통치하는 오늘의 상황도 분명 후세들이 알아야 할 역사이다.

역사를 잊은 국민에게는 미래가 없다. 단언컨대 해방 이후 현재까지 한반도 분단역사이자 곧 통일역사임은 전혀 의심의 여지가 없다. 2018년 11월, 서울 종로구 모처에서 과거 북한요덕수용소 수감자 출신의 김영순 정치범생존자모임 대표를 만나 마주 앉았다.

- 고향이 어디인가.

1937년 5월, 중국 심양서 태어났고 형제는 4남매였다. 부모님 고향은
경북·안동, 8살 때 해방을 맞아 부모님과 함께 큰오빠가 있는 평양으로 왔
다. 큰오빠는 김일성과 함께 항일운동을, 해방 후 철도경비대장을, 6·25전
쟁 때 인민군3사단 참모장으로 포항전투서 전사했다. 우리 가족은 1960년
대 평양서 상류층으로 살았다.

- 1950년대 평양의 특이한 풍경은.

그 당시 평양에 17개국 사회주의나라 대사관이 있었고 송년 때마다 연
회를 차려 김일성을 초대했다. 내가 속한 조선인민군협주단 여배우 10~15
명씩 연회에 참석하여 외국인들과 사교춤을 추었다. 김일성이 코냑, 위스
키 등 독한 술을 많이 마시는 걸 보았다.

- 또 다른 상황이 있었다면.

해방 후 항일투사들은 대부분 소련 여자를 데리고 왔다. 1949~1950년
초, 김일성은 그들에게 "소련 여자들은 귀국시키고 평양서 새 여자들과 결
혼하라"고 했다. 오백룡(김일성의 동료)의 조카 오기수도 소련 여자를 돌려
보내고 김상숙이란 여자와 살았다. 김상숙이 낳은 딸이 오혜선이고 현재
탈북민 태영호 국회의원의 부인이다.

- 협주단 근무를 그만둔 이유는 뭔가.

월북 무용가 최승희(1911년생)에 대한 문화예술부문 비판회의에 참가하
고 너무 실망했다. 재능 있는 최승희를 남한 출신이라고 배타했다. 지방공
연도 잦아 13년간 근무한 협주단을 나왔다.

- 이후 어떤 직업에 종사했나.

평양에 있는 외국여행자상점 상업부 상급지도원이 되었다. 김일성의 1969년 12월 29일 교시로 생긴 해외파견 외교관 전용상점이다. 당시 장령상점(군인장군 전용), 10호상점(대의원 전용)도 있었으나 그중 여행자상점이 상품질 수량 등 최고 상점이었다.

- 특별히 기억에 남는 일은 무엇인가.

김일성의 아들딸인 정일, 경희가 주말이면 간혹 상점에 와서 구경(아이쇼핑)하기도 했다. 김일성의 부인 김성애가 경공업부문을 시찰할 때 가끔은 나도 함께 다닌 적이 있었다. 언젠가부터 김성애가 조용히 두문불출 했는데 후에 알고 보니 김정일의 강제적 조치였다.

- 왜 그랬다고 보는가.

야심가 김정일은 김일성종합대학 시절부터 부친의 권좌를 물려받아야겠다는 흑심이 가득했다. 그러기 위해 아버지께 무한히 충성하며 동시에 아버지 주변서 맴도는 어떤 사람도 반드시 제거해야 했다. 1960년대 중반까지 만도 북한TV에 "존경하는 어머님께서는" 하며 김성애의 동정이 나왔는데 김정일이 모두 없애버렸다.

- 성혜림은 누구인가.

성혜림(1937년 경남·창녕 태생)은 월북작가 이기영 조선작가동맹위원장의 아들 이평과 결혼해 딸을 둔 여자다. 1950년 여고 때부터 평양예술대학 기간(1956년) 동창이다. 그녀는 대학졸업 후 예술영화촬영소에, 나는 인민군협주단으로 갔다. 둘도 없는 짝친구였다.

- 김정일과 성혜림은 어떻게 만났나.

1970년대 김정일은 문화예술 분야와 영화부문 지도업무를 맡았다. 성혜림이 처음 출연한 영화는 '온정령'이고 김정일은 유부녀 성혜림에게 눈독을 들였다. 수령의 아들이었느니 어려울 것도, 누구를 두려워할 것도 없는 무소불위의 권좌에 있었다.

- 왜 김정일이 그랬을까.

김정일의 비공개 첫 여자는 홍일천이고 딸 혜경을 낳았다. 공개된 여자는 중앙당 타자수 출신의 김영숙인데 그녀는 설송, 춘송을 낳았다. 두 여인과 알게 모르게 사랑을 해서 신통이도 딸만 낳았으니 김정일에게는 마음에 없었던 모양이다. 비록 비공개 두 번째 여자이지만 김정일의 첫 아들(정남)을 낳은 성혜림이다.

- 본인의 운명은 언제 기울어졌는가.

성혜림이 어느 날, 친구인 나에게 자기는 '5호택'(김정일이 거주하는 특각)에 있다고 했다. 추정해보면 성혜림이 나에게 자기 행처를 말했다는 사실을 김정일에게도 사담 중에 뱉은 것 같다.

- 자세히 말해 달라.

외국여행자상점 엄봉희 지배인, 강신옥 당비서로부터 신의주화장품공장에 가서 상품구매 조직사업을 잘하라는 출장지시를 받고 서평양역에서 기차를 기다렸다. 보위부군복에 중좌계급을 단 점잖은 군인이 나에게 "평양외국여행자상점 상급지도원 김영순 동무지요? 조사할 것이 있어 그러는데 저와 함께 좀 갑시다" 하는 것이다.

- 어디로 갔는가.

69형 지프차를 타고 간 곳은 보통강구역의 어느 7층 아파트의 3층이다. 보위부안가(비밀장소)로 느껴졌다. 중좌군관은 나를 '1호범죄자'(수령과 연관된 범죄자)라고 했고 나를 취조한 부서는 '311호예심과'라고 불렀다. 보위부안에서도 최고비밀 부서이다.

- 어떤 방법으로 조사를 했나.

2일 동안은 어떤 사람의 접촉도 없었다. 3일째 되는 날, 중좌군관이 종이와 펜을 주며 출생 후 현재까지 있었던 모든 사실을 낱낱이 적으라고 했다. 2개월간 300장 분량의 진술서를 썼다.

- 그 후 어떻게 되었는가.

조사를 마치던 날, 중좌군관이 "영순 동무가 쓴 이 진술서가 만약 남조선에 전달되었을 때는 그 후과에 대해서 전적으로 책임을 지시오" 하는 것이다. 입을 함부로 놀리지 말라는 일종의 협박이다. 10월 1일, 집으로 오니 벌써 인부 6명이 와서 이삿짐을 싸고 있더라. 자식 4명과 함께 함경남도 요덕수용소로 끌려갔다.

- 수용소 안의 일과는.

새벽 4시 기상, 5시에 작업현장에 나간다. 하루 15시간의 고된 노동이다. 농산대대는 농사(여름철 모내기, 김매기. 겨울철 거름생산) 일을, 공업대대는 보위원 주택건설 및 목재생산가공 등을 한다.

- 대략 인원은 어떻게 구성되었나.

농산대대, 공업대대는 각각 4~5개씩 있으며 한 개 대대 안에는 3~4개 소대가 있다. 한 개 소대 인원은 대략 25~30명 정도. 한 개 대대 인원은 약 100명, 전체 인원은 1,000여 명이다. 이 많은 사람들이 그냥 '일하는 인간 기계'다. 진짜 기계는 있어도 전기나 원유 사정으로 자주 사용을 못하는 실정이니 대부분 녹이 슬어 있다.

- 수감자 부류를 말해 달라.

수령인 김일성·김정일의 교시를 거역하고 당과 국가정책을 시비한 인민들, 해외로 도주시도 및 외국방송을 청취한 주민들, 해방 후 지주·자본가 및 목사·선교사·장로 등의 후손들이다. 또한 사상개조가 안된 월북자들, 외국에서 성경책을 본 사람들 등이다.

- 석방은 언제 되었는지 궁금하다.

1979년 2월, 감옥에서 풀려났고 이후 함남 중흥광산에서 일했다. 1989년 평양의 보위부간부가 찾아와 "성혜림은 장군님(김정일)의 처도 아니며 아들도 낳지 않았다. 그와 관련한 사소한 말을 하거나 퍼뜨리면 용서하지 않겠다"고 엄포를 났다. 이후 내가 공화국에서 살아가기 힘든 인물이라는 것을 조심스럽게 느꼈다.

- 그것이 탈북 동기로 변했는가.

독재자 김정일 부인 성혜림의 친구인 사실이 결국 불경죄임을 알고 원망했다. 추운 겨울 국경경비 군인에게 뇌물을 주고 아들과 함께 압록강을 건너 탈북했다. 2001년 2월이었다.

- 서울에는 언제 오게 되었나.

놀랍게도 중국공산당과 정부는 목숨까지 걸고 살겠다고 찾아온 탈북자들을 사람으로 취급해주지 않았다. 지난 1970년대 중국에서 문화대혁명 때 북한으로 넘어온 중국 사람(조선족)들을 북한 당국은 최소한 돌려보내지 않았다. 브로커에게 돈을 주고 2003년 7월 배를 타고 베트남, 캄보디아, 태국을 거쳐 그해 11월, 남한으로 왔다.

- 왕성한 활동을 하던데.

내 나이에 집에 가만히 있으면 그건 죽음이나 마찬가지이다. 유엔 3차 인권결의안 채택참가 및 영국 국회를 방문하여 증언하는 등 2004년부터 지금까지 미국, 캐나다, 독일, 스위스, 호주 등 12개 나라를 방문하여 북한의 참혹한 인권실태를 고발했다.

- 다른 활동은 어떤 것이 있나.

사회의 안보강화를 위하여 교회, 학교, 회사 등을 방문하여 500여 회 강연을 했다. 탈북민의 사명은 첫째도 둘째도 북한의 실상을 그대로 알리며 국민들의 안보정신을 함양시키는 것이다.

- 체력적으로 힘들지 않은가.

왜 안 힘들겠는가? 허나 그때마다 북한의 정치범수용소에서 잔인한 김일성·김정일 수령 독재정권에 한을 품고 눈감은 수많은 사람들을 생각하며 힘을 낸다. 단지 수령과 국가를 비판하거나 반대했다고 죽은 그들이다. 내가 그들의 원한을 세상에 전하지 못하고 눈을 감는다면 아마 이 땅에 온 의미가 없다고 해도 과언이 아니다.

- 북한인권재단 출범이 안 되었다.

너무나 안타깝다. 대한민국 국회에서 북한인권법이 통과된 지 2년이 지나도록 아직 출범하지 못하고 있으니 말이다. 그냥 정치적 쇼같아 보인다. 또한 내년도 북한인권재단 예산을 108억여 원에서 8억 원으로 92% 삭감된 것은 탈북민으로서 정말 분개할 일이다.

- 무엇이 문제라고 보는가.

정권이 바뀔 때마다 대북 및 탈북민 정책이 일부 바뀌는 것도 일종의 문제라고 본다. 북한은 70여 년 오로지 하나의 대남정책이 아닌가. 그에 비해 남한은 뭔가. 70여 년 언제나 여와 야 둘이다. 통일문제, 대북문제가 왜 여야가 따로따로인지 도무지 이해가 어렵다. 이것이 결국은 남북통일과 평화 정착에 걸림돌이 된다고 본다.

- 끝으로 하고 싶은 말은.

북한과 중국에서 짐승처럼 살던 우리 탈북자들을 국민으로 받아준 대한민국 정부에 진심으로 감사하다. 남한은 우리에게 어머니 품이다. 21세기 가장 악독한 독재자 김정은이 버린 우리 탈북자들을 어머니 조국, 대한민국이 따뜻이 받아주었다. **탈북미녀의 추억**

우리 3만 5천 탈북민들의
친근한 어머니

눈비에 젖을까 바람에 질까 고여 온 그 사랑으로

아들아 소중히 너를 키워서 조국 앞에 세워주리

열두 자락 치마폭에 온갖 시름 안고 있어도

그것이 둘도 없는 어머니의 낙이란다…

북한 영화 〈어머니의 행복〉 주제가 1절이다.

동서고금을 떠나서 어머니에 대한 감사의 노래는 한없이 위대하다. 누구에게나 고향은 어머니의 품이다. 통일 후 고향에 계시는 어머니를 기쁘게 만나려는 탈북민들의 마음은 정말로 뜨겁다.

남한 사회는 결코 호락호락한 곳이 아니다. 때로 분망해 보이는 자유, 그것을 유혹시키는 풍요로움과 고뇌, 그 속에서 사회도덕과 질서를 잘 지키며 이 땅에 정착해야 하는 탈북민들이다.

남한에 온 선배 지성인으로, 왕성한 사회단체 활동가로서 후배들을 따뜻이 손잡아 이끌어주는 멋진 분이 있다. 지난 2019년 가을, 서울 양천구 모처에서 박정순 '늘푸른상담협회' 대표를 만났다.

- '늘푸른상담협회'를 소개해 달라.

2005년 1월에 설립한 우리 단체는 탈북여성들이 사회 정착 과정에서 겪는 시행착오를 해소하는데 우선 목적을 두고 있다. 솔직히 말해 탈북민들이 북한에서 배웠던 것 대부분은 남한에서 크게 활용할 수 없는 것이다. 북한에서 있은 배움의 공백을 해결하기 위해 부설 '푸른꿈학교'를 통해 학력인정을 받을 수 있는 기회를 제공한다.

- 전문상담 센터도 있던데.

우리 단체 부설 '가정행복상담센터'는 가정 및 성폭력, 고문피해로 인해 고통을 받는 탈북여성들을 위한 전문상담을 하고 있다. 치유를 위한 다양한 프로그램과 전문가의 심리검사 및 상담을 통해 국내 정착에 절실한 도움을 탈북여성들에게 주고 있다.

- 그동안 어떤 성과가 있었나.

통일부 및 지방자치단체(양천구) 관계자들이 주기적으로 우리 단체를 방문하여 현장 점검을 꼼꼼하게 한다. 우리는 그때마다 '탈북민전문 상담시설 전국 최고' '양천지역의 많은 상담전문단체 중 가장 우수'라는 좋은 평가를 받고 있다. 참고로 양천구에는 몇몇 탈북민 단체가 있는 줄 알고 있으며 그 중 우리 단체가 단연 최우수이다.

- 다른 또 어떤 것이 있는가.

지금까지 우리 '늘푸른상담협회' 상담실을 거쳐 간 탈북민은 대략 10,000명에 가깝다. 남한에 입국한 탈북민 30%에 해당하는 숫자다. 통일부 남북하나재단 산하 전국의 각 지역 하나센터가 생기면서 탈북민상담 건수가 35% 가량 줄어든 상태이다.

- 상담은 어떤 내용이나.

　다양하다. 의료문제, 직업 및 건강문제, 가정폭력문제, 성격 및 학업문제, 자녀양육문제 등이다. 건강문제는 본인의 질병에 맞는 병원을 소개해주고 직업상담은 본인이 하고 싶은 일을 위주로 찾아준다. 상담은 2~3회가 보통이다. 상담은 자기 딸이나 동생같이 생각하고 하는 것과 그러지 않은 것의 차이는 분명히 존재한다.

- 생활상담에서 특이한 점은.

　남한에서 탈북여성들의 결혼상대는 북한·중국·한국남자 이렇게 세 부류이다. 나라마다 문화가 다소 다르니 특성은 있다. 결혼과 사회생활에서 문화적 극복이 보통 어려운 문제가 아니다.

- 고향이 어디인가.

　1956년 7월 함흥에서 출생, 6남매 중 맏이다. 부친은 당일군이었고 모친은 주부. 1976년 3월 함흥공산대학(사로청일군반) 졸업, 함흥○○인민학교 소년단지도원으로 재직했다. 1979년 8월 함흥제1교원대학 졸업, 제2경제위원회 산하 XX공장 사로청위원장을 거쳐 함흥○○인민학교 교원(교사)으로 23년간 근무하였다.

- 교원 특별우대는 없었나.

　모든 것이 국가배급제도인 1980년대 북한 사회에는 '교원상점'이 있었다. 김일성의 "교원들은 혁명가입니다. 사회적으로 잘 대우해야 합니다"는 교시에 의해 생겼다. 양복지(옷감), 비누, 화장품, 신발 등을 배급표로 공급했다. 질 좋은 상품은 아니었다.

- 당시 생활수준을 말해 달라.

함흥에서는 1993년 8월 하순부터 식량배급이 완전히 끊겼다. 상점과 식당은 문을 닫았고 공장과 기업소는 가동을 멈추었다. 사람들은 마치 귀신에게 홀린 마냥 벙벙했고 위에서는 "사회주의 지키자!"는 노래 합창만 강요하였다. 방송, TV 등 선전매체에서는 밤낮으로 체제를 옹위하자고 선동하는 소리만 흘러나왔다.

- 교원들은 어떻게 생계를 이어갔나.

말로 다 못한다. 당국에서는 교원들에게 오전만 수업하고 오후에는 가족생계를 위한 자유시간을 주었다. 주로 술(밀주), 빵, 사탕과자, 의류 등을 개인집에서 사다가 시장에 나가 파는 일이다.

- 또 어떤 사례가 있었는가.

당국은 학교에 교원(교사)들은 학생들에게 수집한 고철을 팔아 식량을 해결하라고 했다. 허나 고철이 있어야 말이지. 일부 공장은 학교들과 손잡고 멈춘 공장기계를 뜯어 팔았다. 대략 1t식량(옥수수, 밀가루, 감자 등)을 구입하면 30%를 학교에 줬다. 거기서 반은 상급기관 뇌물로 바치고 나머지를 교원들에게 돈 받고 팔은 교장이다.

- 상급학교 추천은 교원에게 있지 않나.

교원에게는 상급학교(예술 및 체육, 외국어학원 등)에 소수 학생을 추천할

권한이 있다. 매해 개학 때면 교원들은 서로 좋은 학구(생활수준이 좋은 동네 혹은 지역)의 학생들을 담임하려고 애를 쓴다.

- 교원이 받는 뇌물은 어떤 것인가.

1980년대는 "당신 자식을 잘 봐 준다"는 명목으로 옷, 자전거, 시계, 화장품 등을 몰래 뇌물로 받았다. 일부 학부형은 교원의 집에 찾아와 '돈봉투'도 주었다. 액수는 보통 30~50원, 당시 평교원 월급이 120원이었다. 학급에 '힘센 학부형'(외화벌이기관, 자재상사, 양정사업소, 군부대 등에 종사자) 3명만 있어도 교원 생활은 괜찮다.

- 시대에 따라 뇌물도 달랐을 것 같다.

1990년대는 식량과 부식물, 술·담배 등을 뇌물로 받았다. '힘센 학부형'이 전혀 없는 학급의 교원은 도시락도 없다. 고난의 행군 시기에 내가 근무한 학교에서 여성교원(54)이 굶어죽었다.

- 고난의 행군 시기 어떻게 보냈는가.

오전에는 학교에 나가 학생들에게 수업을 하고 오후에는 집에 들어와 일반 손님들을 받아 이발과 미용을 해주며 돈을 벌었다. 또한 재봉기술을 배워 군복재질의 천을 구입해 모조 군복을 제조하여 시장에 내다 팔았다. 사람들이 선호하는 의류이다. 그리고 조금이라도 이윤이 될 만한 물건은 전부 구입하여 되팔기도 했다.

- 무슨 생각이 들던가.

한 마디로 허망했다. 한때 김일성 수령이 '교원혁명가'로 사회에 당당히 내세워준 학교선생의 명예는 온데 간데없이 사라졌다. 오직 살기 위해서는 어쩔 수 없이 장사를 해야 했다. 사람이 양심이고 도덕이고는 모두 살았을 때나 필요한 성품이 아니겠는가.

- 탈북을 하게 된 계기는.

2000년 8월, 고등학교 6학년인 둘째딸을 중국(연길)의 친척집에 심부름을 보냈다. 이후 불안한 나날을 보내던 중 딸에게서 "중국으로 넘어오라"는 소식을 받고 2003년 10월, 두만강을 건넜다. 탈북이다. 중국에 오니 딸은 "자기는 남조선에 있으니 꼭 서울로 오라"는 것이다. 그 순간 졸도해서 일주일 후 깨어났다.

- 그러면 한국으로 언제 왔는가.

둘째딸은 탈북 후 연길서 6개월간 체류하다가 신변위협을 느껴 청도로 이주했다. 거기서 2년간 돈 벌어 남한으로 갔고 나의 탈북비용을 마련했던 것이다. 나는 2003년 11월, 베이징 주재 한국대사관에 들어가 70일 보냈고 2004년 1월, 서울로 왔다.

- 어떤 공부를 하였는가.

새 사회에 왔으니 새롭게 공부를 하고 싶었다. 2005년 1월, 국제사이버대학교 사회복지학과에 입학하여 2008년에 졸업했다. 이후 2009년 서울기독대학교 대학원에서 석사과정을 마쳤다. 2009년 3월, 서울기독대학교 목회신학과에 입학하였고 2019년 2월에 졸업했다. 모두 다른 일을 겸하면서 열심히 한 공부이어서 보람이 크다.

- 이색적인 직함도 있던데.

중간에 사회복지학과 박사과정을 밟았고 2014년 문학박사 학위를 받았다. 지난 9월 23일, 경기도 포천 삼부기도원에서 목사안수를 받았다. 신학 공부가 가장 의미 있고 보람 있었던 것 같다.

- 그렇게 노력한 이유는 뭔가.

48세에 대한민국으로 왔다. 하나원을 나와 수개월은 병원에서 치료를 받았고 이후 이마트에서 옷 수선을 몇 달 하면서 배워야겠다는 생각이 불같이 났다. 나 혼자서 돈 벌어 잘 먹고 잘 산다는 것은 정말 무의미하다고 판단했다. 분명 앞으로도 탈북민은 계속 생길 것이다. 선배인 내가 후배들을 다소 도우려면 뭔가를 알아야 한다.

- 다양한 자격증을 많이 취득했던데.

사회복지사 2급, 청소년복지상담사, 요양보호사 1급, 전화상담사, 평생교육사 2급, 가정폭력상담사, 성폭력상담사, 보육사 2급, 다문화복지상담사 등 모두 60개의 자격증이 있다. 사회복지·문학박사, 목사, 시민단체 대표이다. 열심히 산 결과이다.

- 가장 보람이 드는 때는.

해마다 스승의 날, 어버이 날이면 우리 '늘푸른상담협회' 상담실을 거쳐 간 탈북민들한데 축하전화나 난을 받는다. 잠시나마 방황하던 자신의 인생을 따뜻이 손잡아 이끌어준 우리 단체에 진심으로 감사하다면서 말이다. 설날과 추석이면 나를 친정엄마로 생각하고 찾아오는 탈북민 부부가 적지 않다. 그때가 눈물겹도록 행복하다.

- 고마운 분들은 누구인가.

송자경 일산든든한교회 목사님이다. 내가 어렵게 신학공부를 할 때 3년 간 모두 수 천 만원의 등록금을 후원해주셨다. 다음 김형태 서울기독대학교 사회복지학과 교수님이다. 석·박사 논문 지도교수님인데 내 인생의 스승과 같다. 북한말로 '심장에 남는 사람'이다.

- 생활의 참고 사항이 있다면.

언제 어디서나 항상 감사한 마음으로 사는 것이 중요하다. 대한민국은 냉정하고 차가운 자본주의 사회이지만 그러면서도 따뜻한 사람들이 함께 하는 훈훈한 사회이다. 우리가 받아 안은 만큼 봉사하면서 사는 것도 어쩌면 아름다운 모습일 것이다. 내가 체험해봐서 알지만 '박사'보다 '봉사'가 훨씬 더 기쁘고 멋진 이름이더라(웃음).

- 간절히 바라는 마음은.

풍파 사나운 곡절 많은 60여 년 인생을 살았다. 북한서 남편은 일찍 질병으로 사망했고 고향에 남겨진 큰딸 생각이 간절하다. 경제사정이 최악인 그 사회에서 살자니 오죽 힘들까 말이다. 그럴 때마다 교회에 나가 하나님께 간절히 기도한다. 저 북한 땅을 하루빨리 2천만 우리 백성이 살기 좋은 나라로 변화시켜 달라고. **탈북미녀의 추억**

8. 박세영 ‖ 조선체육대학 운동선수 = (주)아모레퍼시픽 팀장

나는 조선체육대학선수단 선수였다

국제경기에서 우승한 북한선수들이 외국 언론과의 인터뷰에서 눈에 띄게 공통된 특이한 모습이 있다. 그것은 하나같이 판박이로 "오늘 경기에서 우승하게 된 이유는 전적으로 경애하는 장군님(최고지도자)의 위대한 사랑과 은혜의 덕분이다"고 하는 것이다.

그렇게 높은 정치적 열의로 소감을 말한 선수는 평양으로 돌아와 전 인민적 체육영웅으로 일약 등극한다. 김정은의 선물로 자가용 승용차와 고급 아파트를 받는 것이다. 이렇게 불을 보듯 빤한 상황이니 북한선수 누가 수령칭송 소감문을 발표하지 않을 수 있겠는가.

2011년에 열린 북한의 3대 수령 김정은 시대이다. 그는 유년시절 농구를 유난히 좋아했다. 미국의 농구선수 데니스 로드맨을 평양에 초청하여 환대를 해준 것만 봐도 충분히 이해가 간다. 그렇다고 국제경기에서 북한의 성적이 오른 것은 전혀 아니다.

그 이유는 다른 데도 있겠으나 체육 분야도 사회의 여러 부문과 마찬가지로 수십년간 고질적이고 심각한 경제난에 허덕이고 있기 때문이라고 보여진다. 2021년 5월, 인천시 논현동 모처에서 조선체육대학 운동선수 출신의 박세영 씨를 만났다.

- 조선체육대학을 소개해 달라.

남한에서 굳이 비교하면 서울 송파구에 있는 한국체육대학교와 같다고 보면 된다. 평양시 동대원구역 랭천동에 있다. 여기에는 김일성이 1945년 해방 후 나무를 심은 '문수봉혁명사적지'와 '랭천사이다공장' 등이 있다. 체육대학 주변에 동평양경기장, 조선인민군출판사, 음악무용대학, 연극영화대학, 미술대학 등이 있다.

- 더 상세히 설명해준다면.

내가 입학한 조선체육대학 '전문부'는 고교생 급의 학과다. 그 다음 본학부(4년), 감독학부(3년) 모두 7년의 과정이 있다. 본학부를 졸업하면 인민학교 및 고등중학교, 대학 등의 체육교원으로 가며 감독부를 졸업하면 각지 체육단, 구락부(클럽) 감독으로 간다.

- 대략 어떤 선수단이 있는가.

중앙급 선수단인 4·25체육단(무력성), 압록강체육단(보안성), 기관차체육단(철도성), 월미도체육단(만수대창작사)처럼 조선체육대학 선수단이 있다. 매해 2월 '백두산상', 4월 '만경대상', 6월 '보천보횃불상', 9월 '공화국선수권대회' 그리고 4년마다 '전국인민체육대회'가 있다. 이 모든 경기에 중앙급 선수단 대부분이 출전한다.

- 경기에는 무슨 시상품이 있나.

모든 경기에는 우승한 개인과 단체에 수여하는 컵(트로피)이나 깃발이 있다. 일종의 영예인 것이다. 공화국선수권 대회나 전국인민체육대회에는 간혹 상품이 나온다. 잘하면 컬러TV가 나올 때 있으나 보통은 땀복(전문체육

운동복), 운동선수 전용신발 및 가방 등이다. 대부분 중국산 제품으로 북한 산보다는 재질이 좋은 편이다.

- 보통 하루 일과는.

아침 6시에 기상하여 청소 및 정돈을 하고 7시에 조식을 한다. 오전 9시부터 90분 강의 세 과목을 한다. 이론 강의 한 과목, 전공(실기) 강의 두 과목이다. 오후에는 전문 훈련시간이다.

- 급식 현황은 어떻게 되는가.

식당은 일반식당과 노르마(영양제)식당이 있다. 매끼 쌀밥, 계란, 돼지고기, 곶감 등이 나오는 노르마식당은 중앙급 경기에서 메달을 획득한 선수만 출입한다. 일반식당에는 옥수수떡이나 시래깃국, 국수에 염장무가 전부이다. 음식으로 사람차별 하니 너무하더라.

- 또 어떤 애로가 있었나.

체육대학에는 '옷수리소'(옷이나 운동복을 선수의 몸에 맞게 고치거나 수리하는 곳)는 있으나 세탁소는 없다. 그러니 선수들이 경기 종료 후 더러워진 운동복을 본인 가방에 넣고 합숙소에 와서 제 손으로 빨아야 한다. 합숙소 창문은 언제나 세탁물 천지다.

- 다른 불편사항은 뭔가.

거짓말 같지만 내가 체육대학 감독학부까지 10년간 다니면서 언제 한번 기숙사 수도꼭지에서 온수가 나오는 걸 보지 못했다. 겨울에는 합숙에 난방이 전혀 되지 않아 밤마다 몇 개 옷을 껴입고 잔다. 거기에 정전은 몇

시간씩 수시로 되는 것이 보통이었다.

- 선수 겸 대학생은 몇 % 인가.

대략 30% 정도로 전부 합숙생활을 한다. 질서유지와 선수들 식단조절 때문이다. 학부모들의 직급은 낮아야 공장지배인, 농촌관리위원장 정도이다. 내가 입학 3년 뒤에 보니 34명 중에 16명이 중도 자퇴했다. 이론과목은 크게 중시하지 않는 체육대학이라고 조금 쉽게 보고 입학했다가 큰 코를 다치고 되돌아간 것이다.

- 다소 특별한 일이 있었다면.

2000년대 초반 김정일의 러시아 방문 이후 중앙당 5과에서 키165cm의 처녀들을 모집했다. 체육대학에서 나를 포함 2명이 뽑혀 안대를 착용, 승용차를 타고 어디론가(어떤 건물 안) 갔다. 60명 처녀들은 신체검사를 마쳤고 담당자가 "장군님 승마(사냥) 기쁨조에 발탁되면 영광이고 간혹 안 되도 절대 비밀로 엄수하라"고 당부했다.

- 어째서 발탁되지 못했나.

심사를 보는 시간에 여러 군데서 청탁성 전화가 걸려오는 걸 보았다. 높은 간부들이 제 자식이나 친척을 잘 봐달라는 내용으로 느껴졌다. 솔직히 심사에 당첨되면 "경애하는 장군님을 몸 가까이 모시는 혁명전사"로 그야말로 가문의 영광이고 행운이다.

- 아쉬운 마음도 있었겠다.

본인의 입당은 물론이고, 명절 때마다 중앙당선물(식품)이 하사된다. 나의 아버지는 고작 인민군 군관, 기대는 안 했다. 지금 생각해보면 당첨 안 된 것이 천만다행이다. 한국에 왔으니 말이다(웃음).

- 언제 어디서 태어났는가.

1977년 4월, 평양서 태어났고 오빠가 있다. 부친은 호위사령부 군관(장교), 모친은 평천구역당위원회 당원등록과 지도원이었다. 부모님은 나를 어려서부터 예술(성악·기악) 계통으로 키우려고 작심했다. 그런데 어쩐 일인지 나는 예술보다는 체육에 더 소질이 있었다. 아마도 총 잘 쏘는 군인인 아버지의 피를 더 받은 것 같다(웃음).

- 유년시절의 체육 활동은.

인민(초등)학생 때 수영·농구·육상 등 종목에서 전교 1~3등을, 고등학생 때 구역급 100m, 800m 달리기에서 우승을 했다. 고등학교 4학년 때 체육대학생 입학시험을 보았고 1992년 9월, 조선체육대학 전문부(3년)에 입학하였다. 전문부 3학년 때 백두산상 체육경기대회에 출전, 멀리뛰기 종목에서 동메달을 땄다. 생애 첫 체육메달이다.

- 체육대학 졸업생은 어디로 배치받나.

잘하면 체육단, 못해도 구락부 감독은 돼야 하는데 그렇지 않다. 중앙급 선수단은 자기네 선수 출신의 특설반 졸업생들을 요구하고 구락부 감독 자리도 상급간부(인사담당자)에게 많은 뇌물을 줘야 간다. 공장 체육지도원으로 가라는데 기가 막혔다.

- 그래서 어떻게 되었는가.

'이럴 바에 시집이나 가자'고 생각하고 대학졸업 학년에 사귀었던 동료 남학생(함북 온성군 체육위원회 배치)을 따라 결혼을 전제로 갔다. 참고로 북한서 대학생이 대학생활 기간에 연애하면 퇴학인데 나는 대학에 바친 메달도 있어 특별히 면제되었다.

- 도시 처녀가 농촌으로 시집갔나.

그랬다. 지방은 식량배급이 아예 없고 모두 자체로 살아야 했다. 시누이 2명 있었는데 집에서 꽈배기를 만들었다. 나는 그것을 시장에 내다 팔았고 여름에는 아이스크림 장사를 했다. 그렇게 9개월간 장사하고 이후 쌀과 화장품 장사를 했다. 평양의 쌀을 온성에 가져다가 팔고 온성의 중국산 화장품을 열차로 평양에 가서 비싸게 팔았다.

- 비운의 탈북 동기는.

화교(북한 국적을 가진 중국사람)한테 화장품을 도매가로 받는데 어느 날, '가만! 내가 중국에 가서 직접 가져오면 이익금이 더 크겠다'는 생각이 들었다. 하여 2005년 6월, 온성군 종성노동자구 앞 두만강을 건넜다. 중국 펄프공장이 있는 지역이고 어느 주택에 들어가 사연을 말했더니 다음날 누군가에 끌려 어디론가 갔다.

- 그것이 인신매매 덫 아닌가.

그렇다. 2일간 차를 타고 간 곳이 요녕성 어느 농촌이다. 어느 날, "이건 아니다. 고향으로 돌아가자"고 판단해 그 곳을 탈출, 연길행 기차에 올랐으나 공안에 단속, 북송의 비극을 맞았다.

- 재 탈북, 남한으로 언제 왔나.

온성군집결소에 수감되어 2개월간 강제노역을 했다. 이후 평양의 보위부로 압송되는 열차에 올랐는데 어느 순간 '여기서 탈출하지 못하면 영영 죽겠구나!' 하는 판단이 들어 호송원이 잠시 자리를 비운 틈에 열차 창문으로 뛰어내렸다. 다음날 다시 두만강을 건넜고 청도로 가서 2년간 숨어 일하다가 2005년 8월, 한국으로 왔다.

- 처음에 무슨 일을 하였는가.

2007년 5월부터 서울 강남 대치동 롯데백화점 고객지원부 주차도우미를 하였다. 6개월 만에 조장, 1년 뒤에 팀장으로 진급했다. 이후 교육담당 서비스매니저로 수도권 롯데백화점 주차도우미 수백 명에게 정기교육을 4년간 시켜주었다. 이때가 제일 보람 있었다.

- 특이한 자격증서가 있던데.

2015년 12월, 미시즈 글로브 코리아 2015 조직위원회서 주최한 Mrs. Globe Korea 2015에서 베스트 친화력상으로 입상했다. 탈북민 최초이다. 많은 국민들이 탈북여성을 가난과 굶주림을 피해 온 외롭고 고달픈 이미지로 인식되었는데 꼭 그렇지 않음을 보여주고 싶었다. 38세 때 있었던 일이고 다소나마 영광으로 생각한다.

- 지금 하고 있는 일은.

2018년부터 주식회사 아모레퍼시픽 인천논현점에서 팀장으로 근무하고 있다. 북과 남에서 화장품을 파는 거의 유일한 탈북민이다. 일종의 방문판매 업종인데 나름 즐겁게 일하려고 애써 노력한다. 고객에게 아름다움을 선물하러 가는 마음으로 찾아간다.

- 박 팀장의 고객관은 무엇인가.

내가 경험한바에 의하면 친절과 미소는 고객을 상대하는 가장 효과적인 전략이고 최고 방법이다. 한 번 가서 쉽게 판매하는 곳은 드물고 대부분 세 번이나 그 이상 찾아가 목적을 달성하기도 한다. 그만큼 인내성으로 고객에게 다가가서 진심을 보이는 것이다.

- 고객에게 탈북민 신분을 숨기나.

전혀 아니다. 나는 일하면서 고객에게 내가 탈북민인 것을 굳이 감추지 않는다. 오히려 '당당한 탈북민'임을 자랑한다. 최선을 다해 열심히 일해서 세금 꼬박꼬박 내며 사는데 어디가 꿀려 신분을 감출 필요가 있겠는가. 우리 탈북민들은 남북을 모두 경험해본 소중한 존재로 통일의 조약돌이고 선구자들이라고 생각한다.

- 마지막으로 한 마디 하면.

우리 탈북민들은 마음의 문을 활짝 열고 남한 사람들과 잘 융화되어야 비교적 정착이 쉽다고 본다. 이왕지사 이 땅에 와서 사는 것이면 우선 당당하게 살 필요가 있다. 남한 사람들도 우리에게 좀 더 가까이 와서 따뜻이 안아줬으면 좋겠다. 그렇게 둘이 하나가 되는 모습은 그야말로 통일의 밑그림이 될 것이 분명하다. **탈북미녀의 추억**

중공군의 유해는 발굴하며
생존한 국군포로는 외면하나

1950년 6월, 북한 김일성은 소련(러시아), 중국의 사주를 받아 한반도 완전정복과 공산체제 수립의 야망으로 기습적인 남침을 감행했다. 동족살육의 6·25전쟁 때 인민군(혹은 중공군)에 의해 포로가 된 군인을 '국군포로'라고 한다. 대부분 북한지역에서 발생했다.

전쟁이 끝난 후 지금까지 북한은 국군포로에 대해 어떠한 자료도 공식 발표한 적이 없다. 2010년 이전까지 북한 사회의 유일한 산증인인 탈북민들에 따르면 북한 사회안전부(경찰) 기관 내부 자료에 7만 4천여 명 가량 기재된 것으로 추정하고 있다.

세상에 국군포로의 존재를 처음으로 알린 주역은 한국(6·25)전쟁 당시 북한에 포로가 되어 1994년 10월, 한국으로 귀환한 조창호 소위(1932~2006)다. 이후 2010년까지 80명의 국군포로가 자신들의 노력으로 귀환했으며 현재는 생존자가 20명뿐인 실정이다.

국군포로! 대한민국을 목숨 바쳐 지키려던 군인들이며 누가 뭐라 해도 오늘의 자유를 위해 헌신하신 참된 전쟁영웅들이다. 2020년 10월, 서울 만리동 1가에 위치한 사단법인 '6·25국군포로유족회' 사무실을 찾아 손명화 회장을 만나 이야기를 나누었다.

- 고향이 어디인가.

1962년 2월, 함경북도 무산에서 태어났다. 형제는 2남 4녀 중 셋째 겸 맏딸이다. 아버지는 남조선 국군포로 출신으로 무산광산연합기업소 채탄공(광석 캐는 사람)이었고 어머니는 ○○국수집 주방장이었다. 나는 1982년 8월, 청진고등경제전문학교(3년제 전문대)를 졸업하고 이후 무산제재공장 알코올 직장에 배치를 받아 일하였다.

- 국군포로의 자식들 처우는.

내 위로 오빠 2명이 있었다. 고등학교 졸업 후 인민군대 입대를 적극 원했으나 '국군포로의 아들'이기 때문에 부결되었다. 당시 국군포로 자녀는 군대에 입대할 수 없었다. 참고로 국군포로 3세(손자)는 군 입대가 가능하다. 두 오빠는 함경북도 라남건설돌격대와 속도전청년돌격대에 배치, 죽도록 힘든 일에 내몰려 고생했다.

- 다른 경력은 뭐가 있나.

나는 당원이 되려고 3년간 무산군 오봉리 아미노산 9작업반에서 열심히 일했으나 허사였다. 그때 비로소 우리 자식들은 아무리 노력해도 아버지의 성분 때문에 뭐든 안 된다는 걸 알았다.

- 부친에 대해서 말해 준다면.

경남 김해 태생인 내 아버지 손동식 씨는 25살 때인 1950년 9월에 참전, 53년 5월 북한군에 포로가 되었다. 평양강동수용소에 들어가니 29명 있었고 8월 안전성건설대에 편입, 길주펄프공장 확장공사장에 강제동원, 이후 무산광산으로 배치를 받았다. 무산광산에는 약 100명의 국군포로가 광석을 캐는 노동자로 있었다.

- 국군포들의 생활은 어떠했나.

국군포로는 대부분 전쟁 미망인, 혹은 도시서 추방온 여자와 결혼을 하였다. 광산에서 작은 사고가 발생해도 우선 의심대상은 국군포로들이었고 상부에 불려가 생활비판서를 쓰기도 했다.

- 부친이 어떤 고생을 하였는가.

1975년 여름, 아버지가 폐암진단을 받았는데 치료는 고사하고 광산직맹위원회에서는 그렇다고 그냥 쉴 수 없으니 "산에 들어가 동발목이라도 마련해오라"며 산간오지로 강제 이동시켰다. 아버지는 산전막에서 9년간 전깃불 없이 짐승처럼 일을 하였다.

- 부친에게서 들은 특별한 소리는.

아버지는 항상 우리 자식들에게 밖에 나가서 절대 말조심하라고 신중히 당부했다. 언젠가 내게 조용히 했던 말의 내용이다. 전쟁이 끝난 후 ○○지역에 수백 명의 국군포로를 모아놓고 "고향으로 가고 싶은 사람은 오른쪽에, 이북에 남고 싶은 사람은 왼쪽에 서라" 하고 오른쪽 무리에 연발기관총탄을 퍼부어 수백 명이 즉사시켰다고 했다.

- 다른 이야기도 있었는가.

북한이 6·25전쟁 때 소련(현 러시아)에서 어마어마한 군수물자를 차관(빌리는 돈) 형식으로 받아왔다고 한다. 3년간의 참혹한 전쟁은 끝났으나 갚을 돈이 없었고 대신 러시아에 파견하는 벌목공으로 수백 명의 국군포로를 강제로 송출시켰다고 하였다.

- 또 어떤 소리가 있었나.

잔인한 북한당국은 1976년 8월 '판문점도끼만행사건' 때 자칫 미국과 남한이 북한을 침공할 수 있다고 예측했다. 가령 이때 건실한 국군포로들이 노동당을 반대하며 들고 일어날 수 있을 거라 보고 수백 명의 국군포로를 '말반동'(술자리를 비롯한 사석에서 당 정책을 비판하거나 정부에 불평불만을 표출하는 사람)으로 몰아 처형시켰다고 했다.

- 부친의 유언은 뭔가.

1984년 1월, 향년 59세로 폐암에 걸려 숨지면서 아버지는 우리 자식들에게 "가능하다면 내 시신은 내 고향 경상남도 김해군 동상리 315번지에 묻어주었으면 좋겠다"고 하셨다. 평소에는 그냥 "아버지 고향은 저기 남쪽 부산이다"고만 했었다. 그리고 "나는 대한민국 국군 K이다"고 하셨다. K는 한미연합부대를 의미한다.

- 생활 경력은 어떻게 되나.

25살에 인민군 4군단 26사단 군관(장교)에게 시집갔다. 6개월 뒤 남편은 국군포로 딸과 결혼한 '죄'로 제대했다. 이후 이혼했고 아들 2명은 내가 키웠고 10년 만에 남편과 재결합했다.

- 언제 한국으로 왔는가.

최악의 식량난인 고난의 행군(1990년대 중후반) 때 남편은 굶어죽었고 더는 북한 사회에 어떤 미련도 없어 2005년 10월 막내아들과 함께 탈북했다.

중국 안도에서 13일간 보냈으며 북경-내몽골-몽골을 거쳐 2005년 12월, 한국 인천공항에 도착했다.

- 북한에서 부친의 유골을 모셔왔다.

2013년 봄, 고향의 여동생에게 아버지의 유골을 갖고 탈북하라고 권유했다. 여동생은 오빠와 함께 유골을 준비했으나 정작 겁먹고 다른 탈북가족(3명)에게 유골함을 전하며 무서워서 탈북을 못하겠다고 했다. 유골함은 왔으나 그로해서 동생과 오빠, 조카까지 정치범수용소에 갔다. 내가 국군포로 유골을 갖고 온 1호 탈북민이다.

- 정부항의 시위를 많이 했던데.

불효자로서 정말 미안한 일이지만 어렵게 한국에 온 아버지의 유골을 21개월간 집에 갖고 있었다. 국군포로에 대한 너무나 잘못되고 허술한 정부의 행정체계를 바로잡기 위해서였다. 그 유골함을 들고 청와대 앞, 국방부 앞에서 8개월간 정당하게 1인 시위를 벌였다.

- 성과는 어느정도 있었는가.

물론 있었다. 우리 단체 회원 국군포로 110가족이 국가유공자 자녀임을 인정받았다. 또한 일부 가족에게 '화랑무공훈장'이 수여되도록 이끌었으며, 우리는 전체 국군포로에게 수여되어야 한다고 요구한다. 조국을 지키려고 적과 싸우다 포로가 되어 사망한 국군포로들에게 마지막 명예라도 주자는 것이 그렇게 어려운가.

- '6·25국군포로유족회'는 어떤 단체인가.

2008년 5월, 국방부에서 정식 인허가를 받은 국군포로 자녀들의 탈북 민단체이다. 2012년부터 4년간 사무국장, 2018년 1월 회장으로 취임했다. 단체의 목적은 국가수호를 위해 6·25전쟁에 참전했다가 북한에 강제로 억류(포로)된 후 귀환한 국군포로들의 권익보호와 탈북한 국군포로 가족(2·3세)의 정착에 도움을 주는 것이다.

- 자세히 설명해 달라.

현재 '6·25국군포로유족회'에 소속된 국군포로 가족은 110가족의 560여 명인데 모두 탈북민들이다. 지금까지 한국에 들어온 국군포로 유해는 전부 7구이다. 80명의 국군포로와 7구의 유해는 100% 본인과 가족들의 노력으로 대한민국에 입국했다.

- 국군포로에 대한 정부의 대우는.

우선 국군포로가 압록강이나 두만강을 건너 탈북했으면 거기에 드는 브로커비용으로 3천만 원을 지급해준다. 그리고 본인이 살아서 한국에 입국하면 7억 2천만 원의 보상금을 준다. 주거지원금 1억 5천만 원과 연간의료지원금 1천만 원의 혜택을 받는다. 국군포로의 자녀가 북한에서 부친의 유골을 가져와도 혜택이 없다.

- 철저한 DNA 검사로 유골을 확인하던데.

당연히 그렇다. 내 아버지 유골을 포함하여 지금까지 확인한 7구의 국군포로 유골은 남한 가족, 친인척과의 DNA검사를 했고 모두 99.99% 일치한 것으로 판정을 받았다. 지금은 유골을 가져온 국군포로 가족이 브로커

비용 1천 5백만 원 받는데 이것도 지난 수년간 우리가 해당부처와 치열한 투쟁을 벌여 쟁취한 성과다.

- 귀 단체가 정부에 요구하는 것은.

국군포로 자녀가 부친의 유골을 가져오면 살아서 귀환한 국군포로가 받는 보상금의 절반이라도 달라는 것이다. 지옥의 땅 북한에서 죽은 것만도 너무나 억울한 일인데, 아버지의 고향에 와서까지 이렇게 차별대우를 받으니 가슴이 미어지고 막 찢어진다.

- 관계자들의 입장은 무엇인가.

해당부처 관계자들은 "망자까지 보상하자면 통일 후 그 많은 국군포로에게 드는 보상금액은 국가도 감당하기 어렵다"고 하는데 정말 이해가 안 된다. 다른 것도 아니고 나라와 국민을 위해 싸우다 희생된 군인들을 보상하기 어렵다는 것이 도대체 말이나 되는가.

- 오죽 답답한 심정이겠는가.

정부는 언제부터인가 국내에서 6·25전쟁 때 전사한 중공군의 유해를 발굴하여 중국으로 보내주고 있다. 엄밀히 말해 6·25전쟁 때 중국군은 우리 아버지들의 적이었다. 국민의 혈세로 적군의 유해를 발굴하여 유족에게 보내주고 정작 조국을 위해 싸우다 북한에 포로가 된 군인들은 방치한다는 것이 과연 정상인가 말이다.

- 관계 법령은 어떻게 되어 있나.

국방부는 1998년에 6·25전쟁 행불자, 국군포로에 대해 '1950년 입대,

1953년 전사'라고 일괄 처리했었다. 국군포로의 자녀가 어렵사리 부친 유골을 갖고 탈북하며 남한 친인척과 DNA검사를 통해 친자임을 확인하고도 부모의 호적에 등재되지 못했다.

- 정말 그것도 기가 막히겠다.

남들이 들어도 그럴진데 우리 당사자들은 오죽하겠는가. 이러한 문제를 헌법소송으로 재판하여 승소했다. 현재는 탈북한 국군포로 자녀들이 국가유공자의 자녀로 인정받을 수 있도록 하였다. 이런 성과를 위해 나는 피터지게 관련 공부를 독학으로 했다.

- 정부의 큰 문제점은 또 어떤 것인가.

정권에 따라 보훈 및 관련 정책도 바뀌는 것이 문제다. 사람 따로, 서류 따로, 증거물(유골) 따로. 모두 제각각이다. 오죽하면 이 문제와 싸우다 지쳐 정신과 치료를 받은 사람도 생겼겠는가.

- 정부에 바라는 것이 있다면.

우리 국군포로 가족들이 과거 나라를 지켜 싸운 아버지들을 핑계로 정부를 향해 큰돈을 달라고 하지도 않는다. 그냥 따뜻한 관심과 배려만 아주 작게라도 주었으면 한다. "정부가 그동안 국군포로를 방치한 것은 너무나 큰 잘못이다. 우리 때문에 당신들이 북한에서 고생을 많이 하였다"는 말 한마디 왜 못해주는가 말이다. **탈북미녀의 추억**

10. 이옥화 ‖ 철도노동자 = (주)씨케이정공 대표이사

33세에 중소기업 사장이 되다

폐쇄사회, 북한에서는 당국이 모든 주민에게 직업을 강제로 배치해준다. 전체 인민이 절대 따라야 하는 노동당(수령)의 방침에 의해서 말이다. 만약에 이를 거역하면 위대한 수령의 지시에 불평이 있는 '음해분자', '반동분자'로 낙인 되어 엄중한 처벌을 받는다.

이런 비상식적 사회에서 사는 북한 주민들은 창업이나 개인사업 등 직업의 다양한 세계를 전혀 모르고 산다. 군이 알려고 하면 혁명의 반동이나 마찬가지다. 당국이 정해주는 직업에서 평생토록 충성하는 그들은 절대순종의 정신 및 생활관이 굳어졌다.

가난한 북한을 벗어나 연평균 1,000명씩 입국한 본격적 탈북민 증가 시대가 열린지도 20년이 훌쩍 지났고 탈북민 3만 5천 명 시대, 이중 70%가 여성이다. 전체 탈북민 중 미성년 세대와 노년층을 제외하면 순수 노동력 가능 계층은 1만 7천 명 정도로 추산한다.

탈북민들은 치열한 경쟁의 자본주의 사회서 직업 선택 및 창업이 말처럼 쉽지 않다는 것을 실감하기도 한다. 다양한 업종의 사업을 하는 기업인도 있다. 2020년 4월, 경기도 김포시 모처에서 주식회사 씨케이정공을 찾아 이옥화 대표이사를 만났다.

- 자신을 소개해 달라.

1976년 8월, 함경북도 회령에서 태어났다. 형제는 1남 4녀 중 셋째. 아버지는 회령역 철도선로반에서 근무했고 어머니는 주부였다. 1993년 8월, 고등학교를 졸업하고 인민군대에 탄원했으나 온성군 ○○농장에 배치 받았다. 당국의 지시로 신설되는 농장인데 산간오지의 지대에서 나무를 베고 새로운 농지를 만드는 것이다.

- 어떤 일과 생활을 하였는가.

하루 12~14시간, 겨울에는 나무를 베고 봄에는 뿌리를 캐고 농지로 만드는 고된 일이다. 식량은 통옥수수인데 양이 부족해 물을 많이 넣고 푹 끓여서 하루 1~2끼 먹으면 잘 먹는 것이다.

- 특이한 일이 있었다면.

정말이지 그런 짐승 같은 생활을 3개월간 하니 내 인생에서 만큼은 '이건 정말 아니다'는 생각이 들었다. 궁리를 하다가 6개월 뒤쯤 노동능력상실 진단을 받으려 유리가루를 먹었다. 일종의 자해소동이다. 이후 치료를 받고 그 농장에서 나올 수 있었다.

- 또 다른 생활은 무엇을 했나.

당국의 식량배급이 없으니 장사에 나섰다. 소속은 아버지 직장에 두고. 회령담배공장서 나오는 담배를 리원군에 가서 팔아 7~8배의 이윤이 남겼고 황해도 소금을 회령에 갖고 와서 쌀과 바꿨다. 그 쌀을 청진에 가서 옷과 바꾸고 그 옷을 함흥에 가서 팔아 돈을 챙겼다. 그렇게 2년간 북한의 전역을 다니며 장사를 했다.

- 다소 특별히 기억되는 일은.

　1990년대 초반, 김정일이 전국 철도주변의 묘지를 전부 이장하라고 지시했다. 이유는 열차를 타고 지방으로 현지지도 다니는 수령님(김일성)에게 안 좋은 모습으로 보이기 때문이라고 했다. 실제로 철도선로반에 근무한 아버지가 묘지이동 작업을 많이 하였다. 말이 이장이지 실제는 봉분(무덤)을 삽으로 밀어 평탄하게 만드는 것이다.

- 황당했던 순간은 언제인가.

　많은 장사꾼(도매상인)들은 대부분 돈을 갖고 다닌다. 1995년 12월, 함흥에서 현금 2만 원을 몸에 숨기고 회령으로 가는데 열차안전원(경찰)에게 단속되었다. 어이없게도 이유는 무임승차 때문이다. 돈이 있어도 차표가 없으면 무임승차를 할 수밖에 없다.

- 애매 모모한 심정이겠다.

　철도안전원이 "돈을 내놓겠느냐? 아니면 노동교화소에 가겠냐?" 하여 가졌던 돈을 전부 압수당했다. 정말 분노했다. 나라에서 식량배급은 안 주고 장사도 마음대로 못하게 하니 말이다.

- 돌아 온 고향 마을의 환경은.

　우리 동네에서 여러 자살가족이 나왔다. 최대 8명의 대식구가 시체로 발견되었다. 방법은 간단하다. 맛있게 차린 음식을 먹는데 그 속에는 쥐약이 풀어져 있다. 그것을 먹은 사람들은 눈을 크게 뜨고 입에 흰 거품 물고 죽었다. 고향에 돌아오니 온 가족이 사방으로 뿔뿔이 헤어지고 텅 빈 집만 남았고 그 자리에서 졸도했다.

- 악재가 겹친 꼴이 아닌가.

다음날 정신을 차렸다. 돈, 식량도 없지만 꼭 살아야겠다고 생각했다. 매일 끈으로 허리와 복부를 꽁꽁 묶어 버리면 배가 고픈 줄 모른다. 그렇게 맹물로 18일간 버티고 자리에서 일어났다.

- 언제 탈북을 하였나.

회령의 우리 집에서 도보로 10분 정도 가면 두만강이고 강 건너편이 중국 땅이다. 1996년 1월 초, 어느 날 밤 너무나 배가 고파 불빛이 밝은 어떤 곳을 향해 왔는데 그곳이 바로 중국 마을이었다. 거기서 2월 중순 19살 나이에 동갑 남자에게 시집을 갔다.

- 그 후 어떤 일이 있었는가.

2001년 8월, 공안에 단속·북송되었고 온성감옥(노동교화소)에서 3개월 간 강제노동을 하였다. 며칠동안 너무나 매를 맞아 정신이 잃었을 때 간수는 나를 죽은 줄 알고 시체 무지 속에 던졌다. 감옥에 근무하는 사촌오빠 친구가 부모에게 알려줘 귀가했다. 이후 집에서 장례 준비를 하던 중 눈뜨며 숨을 쉬었고 하반신이 마비된 몸이었다.

- 그러면 재 탈북한 시기는.

중국에서 불법이지만 4년간 살며 체험했던 생활이 눈앞에 어른거렸다. 어디나 마음대로 다닐 수 있는 자유로움, 하루 일하면 수십 일 분의 식량을 구입할 수 있는 돈, 여기 저기 먹을 것이 넘쳐나는 중국 대륙이 무척 그리웠다. 결국 사람답게 살고 싶어 2001년 11월, 국경경비대 군인들에게 돈을 주고 다시 탈북했다.

- 중국에서 어떤 생활을 하였는가.

길림에서 조선족한의사를 만나 1년간 무상치료(북한 감옥에서 얻은 상처)를 받았다. 이후 연길에서 스포츠마사지 가게에서 1년간 일을 하였고 그 뒤 가게를 인수하여 4년간 영업을 했다. 악덕업주의 횡포에 못 이겨 결국 가게를 포기하고 한국행 길에 올랐다.

- 언제 남한으로 오게 되었나.

브로커가 소개해준 다른 탈북여성과 약 7일간 내몽골 사막을 방황하던 끝에 몽골국경경비대의 단속 및 도움으로 울란바토르에 있는 한국대사관으로 안내되었다. 2005년 12월, 그토록 꿈에서까지 그리던 한국으로 왔으며 이듬해 5월, 사회로 나왔다.

- 처음 직업을 갖게 된 계기는.

서울○○직업전문학교 재학시절 어느 날 교수님이 "○○회사 경리직원 면접을 보지 않겠는가?" 하기에 귀가 솔깃했다. 다음날 물어물어 찾아 간 곳이 김포시 대곶면에 위치한 제조업단지에 있는 모 회사였다. 초행길이라 버스를 몇 번 갈아타고 5시간 만에 도착한 나를 보고 사장님이 "정신이 대단하다. 내일부터 출근하라"고 하였다.

- 대체 어떤 회사인가.

냉·온수기, 냉장고에 사용되는 응축기 및 방열판을 전문으로 생산하는 주식회사 '씨케이'다. 직원 10명 안팎의 중소기업이다. 초면의 탈북여성이며 사회초년생인 저를 믿고 받아준 회사 사장님에 대한 고마움으로 열심히 일하겠다는 의욕이 강했다.

- 인생 변신의 기회는.

퇴근 후 야간시간을 이용하여 컴퓨터, CAD, 장비운전 등을 배웠고 주임을 거쳐 이사가 되었으며 2009년 회사가 경영 악화로 부도위기를 맞았다. 이때 사장님이 나에게 "탈북에 성공한 너라면 이 회사를 인수해 능히 경영할 수 있다"는 용기를 안겨주었다.

- 조금 충격을 받지 않았나.

왜 아니겠는가. 내 나이 33살 때이다. 그것도 여성인 내가 남성들도 힘든 중소기업을 인수하여 경영한다는 것은 너무나 무리이고 주변 사람들이 말도 안 된다며 고개를 가로저었다. 며칠을 고민하던 끝에 '아무리 힘들어도 내가 북송되어 감옥에서 고생하던 것보다 힘들겠나?' 하는 생각에 이를 악물고 부도회사를 인수했다.

- 무엇을 담보로 하였는가.

내가 그동안 월급으로 모아둔 돈과 몇몇 지인에게서 돈을 빌렸다. 또한 두 개 회사의 경리일을 봐주던 인맥으로 여러 사장님들과 돈독한 신용거래 경력이 있었다. 그것이 재산이었다.

- 그래도 쉽지 않았을 것 같았는데.

모 사장에게 공장에 기계를 설치해주면 제품을 만들어 팔아 갚겠다는 약속을 했고 그는 아무 담보 없이 7억 원 상당의 기계를 설치해주었다. 2년 반 만에 기계 값 7억 원을 전부 갚았다.

- 가장 힘들었던 순간은 언제인가.

2014년 내가 데리고 있는 외국인 근로자가 노동안전 사고로 4명이나 병원에 입원했다. 그로인해 그해 보험료가 3배나 늘었고 회사의 재정 손실도 컸다. 후에 알고 보니 외국인들이 "한국에서는 일하다 조금만 다쳐도 손해보상금이 나온다"는 정보를 악용했던 것이다. 그런 악습풍조가 중소기업 분야서 약 2년간 대유행이었다.

- 외국인 근로자들이 얄미운 점은.

기업을 경영하다보면 여러 복잡한 사정으로 직원들의 급여를 제때에 못주는 경우가 있다. 그때 외국인 근로자들은 "사장님! 월급 안 주니 나빠요"라는 글귀가 써진 피켓을 들고 시위를 한다.

- 어떤 기업관련 공부를 했나.

회사를 경영하면서 시간을 내어 3개월간의 교육과정을 통해 소통과 대인관계, 야외체험 활동, 의식혁신, 선진기업탐방 등 기업경영에 필요한 많은 공부를 했다. 중소기업진흥공단이 진행하는 'CEO명품 아카데미'도 수료하였다. 인성개발교육은 끝이 없다.

- 연 매출액은 어느 정도인가.

현재 (주)씨케이정공은 국제품질 경영 시스템인 ISO 9001 인증 및 벤처기업 인증을 획득하게 되었고 응축기와 방열판 제조 분야에서 입지를 공고하게 다지며 현재 15억 원의 연매출을 기록하는 우량 강소기업으로 성장되었다. 나름 자긍심에 뿌듯하다.

- 여러 곳에서 받은 표창이 많던데.

2011년 경기도지사 표창을 시작으로 2013년 중소기업진흥공단이사장 공로상, 2014년 소상공인진흥공단이사장 표창, 2015년 대한민국 기업경영 대상을 받았다. 이듬해에는 대한민국 창조경영 대상을 수상했고 2017년 경기도 우수여성 대상, 2018년에는 소상공인 스마트비지니스 공로패를 받았다. 정말 과분한 영광이다.

- 이 대표의 성공 비결은 어디에 있나.

한마디 말하면 정직과 성실이라고 본다. 노력은 성공의 어머니라고 하지 않는가. 경영이념이 투철했기에 고객이 만족할 수 있는 제품개발을 위해 최선을 다하겠다는 신념이 무엇보다 강했다. 모든 제품에 '이옥화'라는 이름의 자존심을 담았다.

- 앞으로 계획이 있다면.

내가 잘나서 회사가 탄탄한 기업으로 된 것은 전혀 아니다. 어디까지나 나를 믿고 따라주는 직원들의 성실하고 꾸준한 노력 덕분이다. 국제적인 경쟁력을 갖추고 세계시장으로 진출하기 위해 노력하겠다. 품질 업그레이드 및 차별화된 기술력 확보에 매진하면서 직원복지향상, 근무여건개선 등에 더욱 신경을 쓰려고 한다. 탈북미녀의 추억

미용은 나의 작품이고
곧 사랑이다

북한사회는 당국이 전체 주민들에 대한 철저한 사상정신 교육은 물론이고 외모관리까지 강제로 통제하는 폐쇄적인 집단이다. 수령의 지시로 '사회주의 생활문화 확립'이라는 명분 아래 모든 주민들의 옷차림과 머리 모양까지 완벽하게 규제하고 있다.

과거 2대 수령 김정일의 "아름다운 조선 여성들이 바지를 입고 다니면 보기에 안 좋으며 전통미풍양속에도 심히 어긋난다"는 지적에 따라 모든 여성은 출퇴근시간 때는 반드시 치마를 꼭 입어야 했었다. 누구보다 자전거를 타는 여성들이 크게 불편해 하였다.

머리를 기르거나 염색을 한 사람은 자본주의 날라리사상이 물들은 '수정주의자'로 지목되어 생활(사상) 총화에서 호된 비판을 받거나 심하면 몇 주간씩 강제무보수노동을 했었다. 김정은 시대에 들어서도 크게 변하지 않는 북한 주민들의 사회생활 문화이다.

자유분방한 생활문화가 범람하는 남한에 온 탈북민들은 다소 벙벙한 느낌이다. 그들은 많이 혼돈스러워하며 한동안 시간이 퍽 지나서야 현실에 조금 적응하기도 한다. 2020년 12월, 천안아산에 위치한 '미즈샵' 미용실을 찾아 이연주 원장을 만났다.

- '미즈샵' 미용실을 소개해 달라.

지난 2015년 6월에 오픈했다. 대로변에 위치하고 있으며 규모는 22평이다. 좌석은 3개, 한 쪽에는 테이블이 있는 손님 대기석이 있는데 그야말로 '동네사랑방' 같은 아늑한 공간이다. 벌써 이곳에서만 7년째 영업 중이니 제법 단골고객이 있는 셈이다. 미용은 내가 남한에서 처음 배운 기술이자 어쩌면 마지막까지 함께할 직업이다.

- 언제가 제일 보람이 있나.

지금은 정부의 코로나19 방역규칙에 따라 근무시간에 가급적 대화를 자제하며 일을 한다. 안 그러면 손님과 열심히 수다를 떨며 일하는 것이 기본이다. 여러 사람들의 다양한 인생사를 들으며 마냥 즐겁게 일하는 순간이 제일 기쁘다. 인생공부시간이다.

- 다른 특이함은 무엇인가.

나는 가게를 찾는 일부 고객들에게 내가 탈북민인 것을 굳이 숨기지 않는다. 탈북민이 어때서? 나는 북한 2천만 인민도 무서워 하지 못한 '위대한 탈북'을 용감하게 했다. 아울러 자랑스러운 대한민국 국군 할아버지의 손녀라고 당당하게 말한다. 일부 초면의 손님 중에는 "북한 주민들이 정말 어렵게 사는가?"고 묻는 사람도 간혹 있다.

- 뭐라고 답변을 해주는가.

내가 함경북도 온성군에서 23년간 살았던 인간 이하의 삶을 생동하게 이야기해준다. 자연스레 고객들은 대한민국 국민임을 감사히 생각할 것이니 결국은 내가 안보강사를 겸하는 것이다(웃음).

- 미용 일은 언제부터 하였나.

'국군포로가족'인 우리 4식구는 서울로 주거지를 배정 받았고 나는 경상북도 상주로 갔다. 그곳에 나보다 먼저 탈북하여 온 고향 선배가 있었는데 그의 주선으로 미용실 보조 일을 하게 되었다. 디자이너가 11명, 스태프가 13명인 미용실이었다. 2개월 뒤 ○○미용전문학원에 등록, 열심히 공부를 하여 자격증을 취득하였다.

- 일에서 힘들었던 것은 무엇인가.

외래어였다. 미용실에서 직원들이 쓰는 용어 중에는 헤어(머리카락), 컷(자르다), 롤(구르프), 샴푸(비누), 매직(직발), 타월(수건) 등 영어가 많다. 북한에서 듣지도 못한 소리였으니 말이다.

- 어떤 묘책으로 대처했나.

고향선배에게 조용히 물어 배웠으며 쉬는 시간에도 삼각대에 가발을 씌우고 부지런히 연습을 했다. 그 결과 6개월 뒤, 염색과 커트도 디자이너의 도움 없이 혼자서 완벽하게 할 수 있었다.

- 이 원장의 고객관은 뭔가.

나에게 고객은 잠깐 만나는 손님·나그네가 아니라 오랫동안 함께할 이웃이다. 가급적이면 그들과 한 식구처럼 화목한 모습으로 지내려는 내 마음이다. 미용은 곧 나의 작품이라고 생각하며 손님이 만족한 표정을 짓고 가게를 나서는 순간이 행복하다. 고객의 밝고 감사한 표정만큼은 돈 주고도 못 사는 값진 것이 아닐까.

- 고향이 어디인가.

1983년 2월, 함경북도 온성군에서 태어났고 여동생이 있다. 부친은 온성상화탄광 노동자, 모친은 ○○산림선전대 선동원이었다. 똑같은 상화탄광 노동자인 할아버지는 남조선 부산 태생의 국군으로 6·25전쟁 기간 인민군에게 포로가 되었다.

- 국군포로 가문의 설움이 크겠다.

당연하다. 1958년생인 부친은 장장 9년간 군사복무를 성실하게 하고도 할아버지가 '국군포로'이어서 노동당 입당을 끝내 못하고 제대해 고향으로 왔다. 할아버지처럼 아버지도 탄부가 된 것이다. 탄광이나 마을에서 언제나 안 좋거나 불미스러운 일이 있으면 국군포로 가족인 우리 집부터 의심하는 풍조가 동네에 만연되어 있었다.

- 사례가 있으면 말해 달라.

우리 옆집 가장(세대주)은 '의용군'(6·25전쟁기간 인민군대에 입대한 남한 사람) 신분으로 똑같은 남한 출신이었다. 그가 손버릇이 나빠서 크고 작은 도둑질을 밥 먹듯 했다. 탄광영양제식당에서 돼지고기를 훔쳐다가 자기네가 먹기 전에 우리 집에 우선 주었다. 결국 고깃국 냄새를 먼저 풍겼으니 우리 집은 도둑으로 지목되었다.

- 또 어떤 일들이 있었는가.

여름철 마을주민들의 텃밭에서 감자, 옥수수, 배추 등이 도둑맞아도 은근히 우리 집을 의심했다. 똑같은 남쪽 출신이어도 '의용군'보다 6·25전쟁 기간 총을 들고 인민군과 싸웠던 '국군포로' 출신을 더욱 의심하고 추궁하였다. 그 순간 괴로움은 정말 크다.

- 평상시 할아버지의 모습은.

어느날 할아버지가 내게 조용히 말해주기를 "남조선 출신 동료 3명이 술자리에서 '수령님(김일성) 대에도 통일이 안 되었는데 과연 장군님(김정일) 대에는 통일이 되겠는가?'고 수근거렸는데 글쎄 다음날 2명은 온데간데없이 사라졌다"고 했다. 할아버지는 자손에게 "너희들은 밖에 나가서 항상 말을 조심해야 한다"고 늘 당부하셨다.

- 특별한 유년시절의 추억은 뭔가.

인민학교 3학년 때 시절이다. 학급에서 공부도 나름 잘 했고 또 학교 당국이 강제로 바치라는 과제물(약초, 토끼가죽, 구리 등) 수행도 모범이었다. 학생간부가 되고 싶었는데 어느 날 어머니가 "애 연주야! 간부고 뭐고 싹 그만둬라. 담임선생님이 말하기를 너는 국군포로 손녀이기 때문에 좀 어렵다고 하더라"고 말씀하시는 것이다.

- 사회생활 경력은.

1998년 고등학교를 졸업하고 온성싱화탄광 제복공장에 배치를 받아 재봉공, 채탄기·콘베어 운전공으로 일했다. 할아버지가 탄광노동자이니 아버지, 나까지 모두 3대가 탄광노동자였다.

- 첫 탈북의 시작은 언제인가.

할아버지가 국군포로이니 언제나 주변에는 탈북 브로커가 배회하였다. 짐작컨대 가령 탈북을 희망하는 국군포로를 혹시라도 만나면 크게 돈을 버는 것 같았다. 2001년 여름 경, 할아버지가 브로커에게서 받은 남한 친인 척 정보를 부친에게 몰래 넘겨주었다. 부친은 그것을 받고 중국으로 넘어 가 확인하고 다시 돌아왔다.

- 비법 월경인데 무사하였나.

부친은 그 일로 3년간의 노동교화소(하루 14시간의 강제노역장) 생활을 마 치고 출소하였다. 그 사이에 할아버지는 모 브로커의 도움을 받아 탈북을 하여 한 달 만에 남한으로 입국하였다.

- 이후 어떻게 되었는가.

할아버지는 신분이 국군포로였기에 한국영사관 관계자의 도움을 받아 남한행이 비교적 빨리 실행되었다. 2004년경, 서울에서 할아버지로부터 연락이 왔고 돈도 보냈다고 했는데 브로커가 도중에서 가로채서 우리는 한 푼도 못 받았다. 너무 억울했다.

- 보위부의 추궁은 없었는가.

할아버지가 서울에서 기자회견을 했다. '우리는 이제 죽었구나!' 했는데 보위원이 나타나 "할아버지가 탈북을 했어도 당에서는 가족을 용서한다. 그러니 아무 걱정 말고 평소대로 당에 충성하면 된다"고 하였다. 훗날 보 위원이 말하기를 "국제사회에서 북조선 인권문제를 꾸준히 제기하기에 탈 북가족을 처벌하지 못 한다"고 하였다.

- 최종 탈북의 계기는.

2005년 11월, 23살인 내가 약혼을 하게 되었다. 부친은 브로커를 통해 서울의 할아버지에게 "남겨진 가족에게 빚 갚는 심정으로 장손녀 결혼식 비용이나 보내 달라"는 내용의 전화를 하였다. 할아버지가 그때 "그러지 말고 가족 모두 탈북하라"고 하셨다.

- 무척 놀랐고 많이 고민했겠다.

당연히 그랬다. 부모님이 한동안 옥신각신 싸웠다. 어머니는 "탈북하다 잡히면 우리는 모두 죽는다"며 적극 반대했고, 아버지는 "지옥의 이 땅에 더는 미련이 없으니 죽더라도 가자"고 강하게 주장하였다. 2006년 2월, 우리 가족 4식구가 목숨 걸고 탈북길에 올랐다.

- 한국에는 언제 왔는가.

중국의 훈춘, 연길, 심양 등에서 각각 2개월씩 모두 6개월간을 불안한 마음으로 보냈다. 한국영사관 관계자의 도움을 받으며 서울로 가는 준비를 하였으며 심양에서 비행기를 타고 2006년 7월, 할아버지의 고향이 있는 대한민국에 안기게 되었다. 그해 11월 하나원(통일부 산하 탈북민정착교육 기관)을 졸업하고 사회생활을 시작했다.

- 미용 말고 다른 일은 어떤 것 해봤나.

3년 뒤 결혼을 하면서 남편을 따라 아산으로 이사했다. 두 아이를 어린이집에 보내면서 새로운 일을 하고 싶었다. ○○건설회사 현장사무실 경리직원으로 1년간 근무했고 ○○회사에서 9시부터 15시까지 시간제 근무로 2년간 일을 하였다. 이후 ○○생명주식회사 보험매니저로 한동안 일을 하면서 다양한 경험을 하였다.

- 고마운 분은 누구인가.

작년 7월 하늘나라에 가신 할아버지에게 감사하다. 할아버지 때문에 우리 가족이 북한에서 인간 이하의 멸시와 천대를 받고 살았어도 나중에는 그 할아버지 덕에 이렇게 좋은 나라 대한민국에 와서 살게 되었으니 말이다. 생명을 주신 부모님께도 고맙고 두 자녀가 있는 우리 가족을 위해 열심히 일하는 남편에게도 감사하다.

- 앞으로 계획이 있다면.

지난 10여 년간 전문미용사로 일하며 쌓은 경험과 기술을 후배 탈북민들에게 꼭 전수하고 나누고 싶다. 굳이 실습장을 갖춘 큰 미용실이 아니라도 요즘 유튜브 시대에 얼마든지 가능하다.

- 후배들에게 남기는 한 마디는.

무슨 일에서든 돈을 벌고 싶은 마음이 앞서거나 조급하면 쉽게 성공할 수 없다. 우리네 생활에서 절실하게 필요한 돈이지만 그 돈을 꼭 많이 버는 것만이 성공은 아니다. 힘들게 번 만큼 어려운 이웃에게 베풀고 나눌 줄도 아는 것이 아름다운 미덕이고 봉사라고 본다. 그것이 참다운 삶의 유산이 아닐까 한다. **탈북미녀의 추억**

12. 안영자 ‖ 초대소 요리사 = '안연자 면옥' 대표

평양 옥류관 국수의 진미는 훌륭하다

　세상에 널리 알려진 북한의 대표적인 유명 음식점은 바로 평양 옥류관 이다. 김일성의 교시로 1960년 8월에 개업한 '옥류관'은 평양의 한복판을 흐르는 대동강 옥류교 근처에 면적이 6,000㎡, 2,000석 규모의 2층짜리 한 옥양식 건물로 초대형 냉면전문점이다.

　지난 1985년 9월에 있었던 남북이산가족 고향방문 및 예술공연단의 서울·평양 교환방문 때부터 남측 손님들이 단골로 찾는 평양의 이색적인 음식점이 되었다. 2000년 이후 평양을 방문한 여러 대한민국 대통령들이 찾아서 식사를 한 장소이기도 하다.

　참고로 2018년 판문점 4·27남북정상회담의 특이했던 장면은 '평양 옥류관 냉면'이 등장한 오찬장이었다. 이제는 제법 민족의 특식으로 자리매김한 평양냉면의 고유한 맛을 잘 보존하고 알리려는 이북출신 전문가들도 제법 있는 편이다. 다소 장려할 만한 일이다.

　3만 5천 탈북민 중에 과거 '평양 옥류관'에서 잠시 실습으로 근무했던 경력을 가진 유일한 사람이 있다. 2020년 8월, 평양 옥류관 개관 60주년을 맞아 서울 마곡동에 위치한 북한 음식 전문점 '안영자 면옥'을 찾아 안영자 대표를 만나 이야기를 나눴다.

- 언제 어디서 태어났나.

1967년 6월, 함경북도 경성군에서 태어났다. 형제는 4남매의 셋째이고 외동딸이다. 부모님은 인텔리 출신으로 아버지는 ○○림산사업소 기사장(기술담당 간부), 어머니는 ○○인민학교 교원(교사)이었다. 1983년 여름, 고등중학교를 졸업하고 인민군에 입대하였다.

- 어디로 배치를 받았는가.

인민무력부(한국의 국방부) 후방총국 소속 요리강습소다. 1980년대 외국의 군사대표단, 무관들이 북한을 많이 방문했다. 인민무력부 소속 초대소(별장)와 특수부대 식당이 많았고 요리사를 양성하겠다는 제의서를 김정일에게 올려 방침을 받았다. 전국에서 선발된 예비입학생은 42명, 최종 합격자는 나를 포함해 26명이었다.

- 요리 수업의 수준이 궁금하다.

정규 수업은 평양장철구상업대학 교원(교수)이 해주었다. 나름 상업봉사부분서 오랫동안 많은 제자들을 실력자로 양성한 최고의 교육자다. 수령의 위대성 교육과 노동당정책 과목이 꼭 첨부된 이론교육에서는 한식을 위주로 양식과 일식도 조금씩 가르쳐주었다.

- 실습 과정은 어떻게 되었나.

실기교육은 전체 교육시간의 절반이다. 현장실습으로 그 유명한 평양 옥류관을 포함하여 수도 평양 시내 이름난 음식점, 호텔, 초대소 등으로 나갔다. 또한 조선민항총국(평양순안비행장)과 각 지방의 공군부대 비행사 식당에도 파견실습을 나갔다.

- 다소 기억에 남는 일은.

1985년 여름, 3개월간 유효기간의 비자를 받고 중국으로 실습유학을 나왔다. 난생 처음 해외에서 실기를 포함한 요리를 배운다는 꿈같은 희망을 품고 나온 외국실습인데 종당에는 너무나 허탈했다. 3개월간 베이징 주재 조선민주주의인민공화국(북한) 대사관 경내 식당에서 주방 일(설거지, 재료 준비 등)만 하다가 돌아왔으니 말이다.

- 그 후 같은 분야 경력은

요리강습소에서 2년 6개월간 정규교육을 마치고 '평양상업대학' 졸업증을 받으며 1986년 10월에 우수성적(수석)으로 졸업하였다. 이후 인민무력부 산하 별장인 함경북도 경성군 온포에 있는 705초대소 요리사로 배치를 받았다. 이때부터는 민간인이다.

- 조선인민군 705초대소는 어떤 곳인가.

일명 '특각'으로 불리는 이곳에 김일성 접견대상 외국군사대표단, 무관 등 귀빈들이 자주 왔다. 적을 때는 2~3명, 많을 때는 7~8명 정도였다. 짧게는 2~3일, 길게는 일주일씩 머물다가 갔다.

- 초대소 현황을 말해준다면.

우선 물·공기는 기본이고 주변 경치가 좋은 곳에 있다. 일반인 거주지역과 상당한 거리를 두고 있는데 이유는 비밀유지 때문이다. 소장(군인), 세포비서, 통역원, 요리사, 접대원(서빙), 이발·안마사, 운전수, 건물관리원 등 15명이 있었다. 내부 일은 전부 비밀이다. 초대소 정문과 주변은 무장한 군인들이 24시간 보초를 선다.

- 시설의 수준은 어느 정도인가.

　모든 시설은 호텔 수준의 고급 설비로 갖추어졌다. 가구와 소파는 이탈리아제이고 TV와 냉장고, 에어컨 등은 일본제이다. 외국대표단이나 무관들이 타고 오는 차는 독일제 벤츠였다. 귀빈들에게는 삼시세끼 최상의 요리가 제공되었다. 소갈비찜, 약밥, 닭요리, 버섯구이, 빵, 소시지, 각종 해산물요리가 식탁에 올랐다.

- 가정환경이 많이 좋았는데.

　1980년대 아버지는 내각 대외경제위원회 계획부장, 해외무역대표로 자주 근무했다. 1994년 7월 김일성이 사망했을 때 그 소식을 듣고 졸도까지 했을 정도로 수령에게 충실한 사람이었다.

- 어째서 시련이 생겼는가.

　언제인가 막냇동생이 집에서 몰래 녹화기로 성인물을 봤는데 재수 없게도 시범적으로 보위부에 걸렸다. 그것이 우리가정에 화근이 되었다. 일단 해외근무 중인 부모님의 강제귀국 소환이 있었는데 두 분이 평양에 도착해서야 '가정의 불길한 소식'을 알았다.

- 그 후과는 어떠했나.

　아버지는 막내아들의 소식으로 한동안 분을 삭이지 못하시다가 끝내 뇌출혈로 돌아가셨다. 호위총국(한국의 청와대 경호처)에서 소좌(소령)계급을 달고 근무하던 큰오빠는 강제 철직제대를 맞았다. 나 또한 705초대소에서 강제로 퇴직되었다. 철없는 막냇동생의 아차 실수로 온 집안이 풍비박산이 난 것이니 정말로 허망했다.

- 탈북 동기는 무엇인가.

가정의 불명예스러움으로 심신이 괴로웠으며 마음을 안착하려 큰오빠가 사는 혜산으로 갔다. 거기서 며칠 머물면서 '도강'(강을 건너다는 소리), '밀수'(몰래하는 개인 무역)라는 용어를 알게 되었다. 밑돈이 드는 '밀수'보다 조금 위험하지만 '도강'을 해서 중국에 가면 큰돈을 벌수 있는 일거리가 많다는 소리에 귀가 솔깃하였다.

- 언제 두만강을 건넜나.

2005년 여름, 사전에 브로커와 충분한 연계를 갖고 단독으로 두만강을 건넜다. 중국 길림성 연길에 있는 친척집으로 갔고 거기서 수개월간 머물며 식당일을 하였다. 허나 엄연히 탈북자의 신분이니 아무래도 공안의 수시 단속에 항상 두려웠고 마음이 불안했다.

- 서울로 언제 어떻게 왔는가.

실제로 주변에서 단속, 북송되는 몇몇 탈북자를 보니 가슴이 섬뜩했다. 이후 8명의 탈북자와 함께 며칠간 생사고투의 사막을 걸었고 국경철조망을 넘어 몽골로 갔다. 2006년 9월, 울란바토르 주재 한국대사관을 거쳐 남한으로 왔고 안도의 숨이 나왔다.

- 당시 남북관계가 좋지 않았나.

좋았다. 평양에서 있었던 역사상 첫 남북정상회담(2000. 6) 이후 서울에서 꾸준히 북한 주민들의 일상생활에 대한 관심이 지속되었다. 특히 평양 방문 기간 김대중 대통령이 대동강변의 식당을 찾아 드셨던 옥류관 냉면에 대한 호기심이 많았다. 내가 '평양 옥류관' 주방현장 경험을 가진 유일한 탈북민이니 여기저기서 러브콜이 왔다.

- 그 유명한 평양 옥류관 냉면의 특성은.

　북한냉면의 대표적인 옥류관의 냉면은 메밀면이다. 주재료인 메밀가루와 밀가루, 감자전분과 느릅나무 가루를 일정량의 비율로 잘 섞어 짙은 황록색의 빛깔을 띤다. 4가지 가루를 어떤 비율로 섞는가에 따라 반죽의 색상은 물론 면발의 강도가 다르다.

- 냉면의 핵심은 무엇인가.

　바로 육수다. 옥류관 냉면 육수는 꿩, 돼지, 소, 닭고기를 7시간 이상 푹삶아 우려낸다. 한창 끓을 때 육수 위에 뜨는 지방(기름)을 성의껏 걸러내야 한다. 시간과 방법이 생명이다. 그렇게 만든 육수와 동치미를 일정 비율로 잘 썪어 냉면 육수를 만들어 냉각시킨다.

- 서울 여러 곳에 평양 냉면집이 있다.

　현재 서울 시내 여러 곳에 실향민과 그 후손(2~3세)들이 대를 이어 만드는 이북식 냉면집이 다수 있다. 그러나 엄밀히 말해 평양 옥류관은 1960년에 생겼으니 서울의 이북식 냉면은 옥류관 냉면이 아니다. 평양 옥류관에서 실습 경험을 가진 내가 만드는 냉면이 유일하게 서울에서 '옥류관 냉면'이라고 해도 과언이 아니다.

- 북한 음식의 특성은 무엇인가.

　북한 음식은 고유한 식재료 맛을 원상태로 살리기 위해 가급적 양념을 적게 쓴다. 꼭 필요한 조미료도 아주 극소량만 쓰니 음식 맛이 연하고 담백

한 것이 특징이다. 어떤 음식에든 조미료를 너무 지나치게 넣으면 음식 본래의 맛도 없어지고 또한 건강에도 해롭다.

- 그러면 남한 음식의 특성은.

북한 음식에 비하면 남한 음식은 맵고 짜고 단맛이 기준인 것 같으며 자극적인 측면이 너무나 강한 편이다. 남한 음식은 무엇이든 풍족하여 여러 부재료를 많이 섞어 요리하는 것이 특징이다. 당연히 음식 식재료 본연의 맛이 온갖 양념에 묻히기 마련이다.

- '안영자 면옥'은 언제 개업했는가.

2020년 8월에 오픈했다. 도로변 1층에 30평 규모로 좌석은 60석. 기본 메뉴는 평양 옥류관냉면, 비빔냉면, 평양 온반, 녹두지짐, 평양 초계탕, 소갈비낙지전골, 평양 육개장, 아바이순대, 평양 왕만두 등이다. 100% 평양 옥류관 메뉴이다. 영업시간은 오전 11시부터 밤 9시까지, 서울지하철 5호선 마곡역 6번 출구 주변 3분 거리에 있다.

- 대표 메뉴 '옥류관 냉면'은.

우선 면발이 적당한 굵기로 쫀득쫀득하며 부드럽다. 메밀과 감자전분의 일정한 배합으로 순하고 감칠맛을 낸 것이 특징이다. 면발의 생명은 숙성된 가루반죽과 면을 끓는 물에 삶는 시간, 찬물에 씻는 방법 등에 있다. 냉면꾸미(소고기, 계란, 무, 오이, 잣, 지단 등)와 육수도 전부 내가 평양 옥류관에서 실습한 비법 그대로다.

- 특정 손님의 반응은 있나.

지난 2018년 4월 판문점에서 있은 남북정상회담 관계자로 참석했던 어느 고객이 우연히 인터넷을 통해 알게 된 우리 식당에 와서 '옥류관 냉면'을 드셔보고는 "판문점에서 먹었던 평양 옥류관 냉면 맛이 신통이 이 맛과 똑같다"면서 자주 오고 있다.

- 또 다른 손님들 평가가 있다면.

단골로 냉면 마니아들이 계속해서 우리 식당으로 찾아오는데 서울 장안에 있는 여러 이북식 냉면집의 냉면을 모두 먹어보았어도 "안영자 면옥의 평양 옥류관 냉면이 가장 입에 잘 맞다"고 입소문을 아낌없이 내주고 있다. 그 덕분에 매출이 꾸준히 오르고 있다.

- 음식과 통일을 말해준다면.

통일은 식탁에서부터 해야 맛있다. 국민들이 자주 북한 음식을 접하며 북녘 동포 사랑을 가지면 그게 통일의 양념이다. 여담이지만 북한에서 주민들은 보통 생일에 국수(냉면)를 먹는다. 국수처럼 길게 오래 살라는 의미다. 많은 시민들이 '안연자 면옥'에서 평양 옥류관 냉면을 드시고 통일의 날까지 오래 사셨으면 좋겠다. **탈북미녀의 추억**

13. 최복화 ∥ 임산노동자 = 서울지방경찰청 사법통역사

탈북민들은 각종 범죄에
조심해야 한다

노동당의 강력한 통제하의 북한 언론에서는 정부당국의 실책이나 사회의 각종 범죄에 대해 전혀 언급을 하지 않는다. 모두 국가가 관장하는 공영 언론이기에 가능한 일이다. 일상에서 북한 주민들은 사회의 많은 사건사고 등을 구전(입소문)으로 알고 있다.

신문과 TV에서 주로 다루는 내용은 당과 수령에게 충성하자고 선동하는 당국의 정책홍보이며, 사회와 집단에 헌신하는 인민경제 각 분야의 모범적 주민들의 열성적인 모습과 실태 등이다. 물론 최고지도자의 정치활동은 항상 우선이고 시간도 더 많이 소요된다.

그런 폐쇄집단 속에 살던 탈북민들은 남한에서 TV와 신문, 인터넷과 유튜브 등을 보며 '자본주의 사회는 사고천국이구나' 하는 착각에 간혹 빠진다. 자유민주주의 국가서 언론은 분명 새로운 소식을 국민들에게 신속 정확히 알리는 것이 최고 특성이다.

탈북민들은 좌충우돌 여러 가지 시행착오를 거치며 자본주의 생활문화 방식에 익숙하기까지 많은 시간과 노력을 들이고 있다. 모두가 거치는 과정이다. 2021년 6월, 탈북민으로서 거의 유일하게 서울경찰청 사법통역사로 일하는 최복화 씨를 만나 마주 앉았다.

- 그 유창한 중국어는 언제 배웠나.

탈북을 하여 중국에서 불안한 신분으로 신변안전을 위해 배웠던 중국어가 남한에 와서 밥벌이(직업)로 될 줄은 정말 몰랐다. 한국에 와서 1개월 뒤 'HSK중국어어학능력시험'을 보았다.

- 통역 자격증은 어디서 취득했는가.

서울에 있는 '현대통번역어학원'(6개월)과 '세종어학원'(3개월)을 다녔다. 2008년에 시작하여 2회 시험, 1회 특별시험을 보았으며 세 번째 만인 2010년에 한국관광공사에서 발급하는 '관광통역안내사자격증'을 취득하였다. 남한에서 취득한 첫 자격증이다.

-자격증의 효과는 언제 실감했나.

언젠가 지역 경찰서에서 탈북민 자매결연이 있었다. 나와 자매결연을 한 모 기업체 사장님은 중국과 단기무역을 했는데 마침 통역원이 필요했다. 그의 요청으로 10일간 회사통역 일을 해주었으며 사례비로 220만원을 받았다. 내가 남한서 자격증을 갖고 당당하게 일하여 받은 첫 임금이었으니 그때가 제일 감개무량했다.

- 경찰 부문 통역사가 된 계기는.

처음에는 담당형사의 소개로 지역경찰서에서, 이후 자격증을 갖고 경기지방경찰청에서 중국어 수사(搜査) 통역을 하였다. 일종의 프리랜서로 일주일에 3~4회, 한 달에 10~15회 정도 한다.

- 통역 수입은 어느 정도 되나.

통역비는 시간당 3만 원, 교통비 2만 4천 원이며 보통 1회에 3~5시간 통역을 한다. 일부 지방의 경찰서에서 일하는 임시통역원은 대부분 귀화한 중국 사람이 보통이다. 전국에 탈북민 출신 중국어 수사(搜査) 통역사로는 내가 유일한 것으로 알고 있다.

- 언제부터 서울지방경찰청 사법통역사를 하는가.

지난 2019년 기존의 '수사통역사'가 '사법통역사'로 바뀌면서 자격증도 달라졌다. 2020년 6월, 한국자격교육협회에서 주관하는 사법통역사 자격증을 새로 취득하였다. 시험은 이론 및 실기가 있다. 치열한 이 분야를 가만히 보니 '사법통역사' 자격은 한국에서 외국어대학교를 나온 학생들도 다소 취득하기 어려워하는 것이 현실이다.

- 국내 체류 외국인들의 범죄 부류는.

가장 많은 범죄는 불특정 다수를 상대로 하는 보이스피싱(전화로 사기를 치는 것)이다. 이 사기단의 최고 지도부는 모두 외국에 있다. 전화나 문자, 위챗(중국 카톡)으로 하기에 좀처럼 검거가 쉽지 않으며 국내에서 잡히는 것은 극히 일부이고 꼬리에 불과하다.

- 또 다른 부류가 있다면.

다음으로 많은 부류는 유흥업소 종사 여성들의 불법행위(성매매) 및 성범죄 등이다. 음주로 인한 폭력도 적지 않으며 도박으로 전 재산을 탕진하고 노숙자가 되는 사례도 번번하게 많다.

- 보이스피싱 피해가 큰 것 같다.

그렇다. 요즘 범인들은 아이 납치 방법으로 범행을 저지르는데 자기 아이를 끔찍하게 여기는 엄마들의 심리를 악용하는 것이다. 범인들은 5~6명씩 조를 짜서 움직이며 방법은 해마다 진화된다. 놀랍게도 범죄 피해자 80%가 한국인, 20%가 외국인이다.

- 외국인 범죄자들의 특성은 뭔가.

일단 중국은 이렇다. A씨와 B씨가 서로 폭력으로 다투었다가 화해를 하면 신고를 받고 공안(경찰)이 단속을 나왔다가도 그냥 돌아간다. 그런데 한국은 안 그렇다. A씨와 B씨가 폭력 다툼 후 화해를 했어도 그 사건 기록은 남겨야 하기에 조사를 꼭 한다.

- 직업에 대한 어떤 긍지감이 있나.

경찰청에 출입할 때는 낯익은 의경들이 나에게 거수경례를 한다. 수사경찰관들 속에서 '탈북민 출신 중국어 사법통역사 최복화'로 입소문이 자자하다. 한국 국민이 되어 경찰에 출입하여 경찰관들도 어려워하는 통역 일을 한다고 생각하니 가슴이 뿌듯하다. 그럴수록 늘 겸손하고 성실히 살아야 한다고 자상한 남편이 귀띔을 해준다.

- 언제 어디서 태어났는가.

함경북도 무산에서 1974년 1월에 태어났다. 2남 1녀 중 둘째였다. 아버지는 무산군 상업관리소에서 근무하였고 어머니는 무산여자고등중학교 교원(교사)이었다. 1993년 무산광업전문대학을 졸업하고 연상임산사업소에서 노동자로 일을 하였다.

- 가족에 어떤 불행이 있었나.

나의 4년간 대학생활 기간에 불행하게도 아버지는 '정치적 과오'(남조선 노래를 몰래 들은 것)를 범하여 회령에 있는 전거리교화소에 수감되었고 우리 가족은 무산군 연상리로 추방되었다. 하여 연상임산사업소(벌목전문업체)에 배치를 받아 노동을 했던 것이다.

- 하였던 일은 어떤 것인가.

임산사업소에서 포시공(모래를 살포하는 사람), 검축공(벌목수량 계산원)으로 일했다. 불을 피워 흙을 녹여 하는 모래 살포는 얼은 도로의 염산 살포나 같다. 그러지 않으면 수천 톤의 나무더미가 미끄러져 대형사고가 난다. 임산사업소에서 노동자 1인당 하루 벌목량은 1.3입방인데 직경20cm, 길이10m 이상 나무 3~4대 정도다.

- 임산 작업의 상황을 알려 달라.

무산군 연상임산사업소 아래 10개의 지역별 작업소가 있다. 각 작업소 안에는 4~5개의 작업반이 있으며, 작업반원 10여 명 중에 2~3명은 여성이다. 산에서 나무를 베는 벌목 작업은 주로 겨울철에 진행되며 전체 1년 생산계획 물량의 80~90%를 생산한다.

- 보다 자세히 말해준다면.

봄에는 벌목한 자리에 어린 나무 모를 심고 여름에는 홍수대비를 위한 대책을 철처히 세운다. 여름에는 그나마 한가하나 가을에는 겨울철 벌목 준비에 돌입한다. 무산군에만 해도 아무리 벌목을 해도 끝이 없을 정도의 무성한 자연림이 너무나 많다.

- 예술선전대에서 활동을 했다던데.

아버지가 2년간의 교화생활을 마침과 동시에 우리 가족도 연상임산사업소에서 퇴소했다. 이후 나는 무산광산연합기업소 지하분광산 선전대(예술공연단)서 대원(성악가수)으로 근무하였다. 물론 친인척의 힘을 빌려서 취업한 자리이다. 나는 유년시절 음악에 소질이 다소 있어 고등중학교 때 음악소조에서 활동하였다.

- 가족의 또 다른 불행은 무엇인가.

인민군대에서 만기 제대한 오빠가 생활난 때문에 중국 밀수 및 탈북 브로커를 하였다. 그러나 불행하게도 김정일의 "인신매매꾼(브로커)에게도 혁명의 총소리를 울려라!"는 방침에 시범적으로 걸렸다. 1년 7개월간의 예심을 받고 1999년 9월에 공개사형(총살) 되었다.

- 그것이 탈북 동기이겠다.

그렇다. 4월에는 아버지가 울화병으로 세상을 떠났고 하루아침에 오빠로 인해 정치범 가족이 되었다. 보다못해 외삼촌이 "너라도 중국 가서 새롭게 살라"며 강제로 떠밀었다. 단 2시간의 고민 끝에 탈북결심을 마쳤고 과감하게 실행에 옮겼다. 26살 때이다.

- 남한으로 어떻게 왔는가.

길림성 화룡과 료녕성 북전시에서 1년 반 체류하며 두부공장에서, 이후 판진시로 옮겨 '청룡금형원'에서 일했다. 여기서 지금의 남편(남한 사람)을 알았다. 나는 처녀, 남편은 총각이니 자연히 결혼을 약속했다. 남편이 임기를 마치고 귀국하는 동시에 위조 중국 신분증을 가진 나는 국제결혼 비자를 받아 2007년 2월에 입국했다.

- 남한의 시댁이 마음에 들던가.

시댁의 남편 형제가 남자 셋, 여자 셋인데 정말 화목한 가정이다. 당시 80세 넘으신 시부모님께 유일한 친손자를 안겨준 며느리가 나였으니 시부모님의 기쁨과 만족은 말로다 표현 못한다.

- 괴로울 때도 있지 않나.

시댁에서는 나를 '무산댁'이라고 부른다. 너무 좋은 이름이고 어쩌면 우리 부부야 말로 진짜 '통일부부'가 아닐까 한다. 주변의 모든 식구들로부터 언제나 분에 넘치는 사랑을 받을 때마다 이북의 고향에 계시는 친정어머니 생각으로 목이 꽉 메어온다.

- 탈북민 인정은 언제 받았는가.

결혼생활 초기 어느 날, '탈북자동지회' 사이트서 먼저 남한에 온 고향친구를 알았다. "너는 하나원 몇 기인가?" 하는 그의 말에 "하나원이 뭐냐? 나는 한국 남자 만나 시집왔다"고 했더니 "당장 경찰서에 가서 자수하라"고 하더라. 하여 지역 경찰서를 찾아가 자초지종 설명했고 40일 뒤 탈북민 확인을 마쳤다. 2007년 9월이었다.

- 후배들에게 조언한다면.

자본주의 사회는 금전 관련 범죄가 끊이지 않고 있다. 대부분 중국 범인들이 은밀히 거행하는 보이스피싱은 남한 사람들도 많이 당하는 범죄다. 사리물정에 어둡고 남한 생활에서 이제 초등학생 수준이나 마찬가지인 우리 탈북민들은 더욱 조심해야 할 것이다.

- 예를들어 설명을 해 달라.

가령 어떤 사람이 실수로 보이스피싱에 걸려 엄청난 금전 피해는 물론 정신피해까지 보았다하더라도 그것은 엄밀히 본인 불찰이다. 국가 및 공공기관(구청, 우체국, 은행 등)은 절대 개인에게 금전 관련 전화나 문자를 하지 않는다. 항상 명심하는 것이 좋다.

- 고마운 사람은 누구인가.

당연히 동지같은 남편이다. 내가 서울지방경찰청 사법통역사 일 외에도 프리랜서로 여러 탈북민 예술단체 공연활동까지 하는 것은 모두 자상한 남편이 집안일을 잘 도와주기 때문이다. 물론 국토분단의 38선 위에서 내려온 너무나도 부족한 이 함경도 여인을 한 식구로 받아주고 극진히 사랑해주는 시댁식구들 모두에게도 정말 고맙다.

- 꼭 하고 싶은 말은 뭔가.

요즘 탈북민들 20~30%가 "다시 북한으로 가고 싶다" 하는 소리를 한다. 나름 북한서 중산층이었던 그들이 법치국가 남한에서 살기 불편한 것이다. 뭐든 아무렇게나 다 하는 '자유남조선'인 줄 잘못 알았으니 말이다. 자유는 누리기 전에 책임과 의무를 준수해야 한다는 것을 알기까지 시간이 조금 걸릴 것이다. **탈북미녀의 추억**

아코디언 교육 실력으로
인정을 받다

사람은 일상에서 다양한 자신의 생활을 흥겨운 혹은 서글픈 가락이나 연주에 담아 나타내기도 한다. 환희로운 즐거움, 억울한 괴로움에서 흥분된 마음까지 한 구절의 노래와 몇 곡의 연주에 담는 내용은 천태만상으로 자유자재하다. 그게 사람사는 사회일 것이다.

예로부터 노래와 춤을 유난히 좋아하는 우리 민족이다. 해방 후 수령 독재 사회주의 체제가 수립된 북한 지역에서는 고유한 전통성이 많이 사라졌다. 폐쇄사회 북한의 음악과 예술 장르 90%는 당·체제 선전선동, 특히 수령(대통령) 우상화에 활용되고 있다.

민족의 소원인 통일 이후, 정치선전 일색인 북한 음악과 지금의 남한 음악이 합쳐야 함은 당연하다. 현재 70년을 넘어 어쩌면 100년도 지날 오랜 분단 세월만큼 달라진 남과 북의 예술을 하나로 합친다는 것은 결코 쉬운 일은 아닐 것이며 긴시간이 소요될 것이다.

언젠가는 누군가에, 혹은 어떤 단체에 의해 반드시 이뤄져야 할 과제이다. 어쩌면 한국전쟁 휴전 후 지금까지 북에서 남으로 내려 온 3만 5천 탈북민이 그 주역이 될 수 있다. 2020년 4월, 서울지하철 공덕역 주변에서 김태희 아코디언음악학원장을 만났다.

- '김태희아코디언학원'은.

2013년 7월, 음악교습소(성인 15명 이하 수강생 대상)를 차려 1년간 운영하였다. 그 뒤 음악학원(학생·성인 합쳐 60명 이상 수강생 대상)으로 바뀌었다. 교습소와 학원은 분명 차이가 있다. 그러던 어느 날, 행정당국에서 "규정상 계약직(기간제) 교사라도 겸직으로 학원 영업을 할 수 없다"고 하기에 고민하다 좋은 직업인 교사직을 결국 포기했다.

- 계약직 교사는 무슨 소리인가.

북한에서 교원을 했지만 남한에 와서 다시 배우는 심정으로 2009년 3월, 한국성서대학에 입학했다. 대학공부를 하면서 음악치료사 1·2급 자격증, 사회복지사 2급 자격증을 취득하였다. 이후 통일부 '남북하나재단'에서 진행한 탈북 교사 공모에 합격해 2013~2015년까지 창원 자여초등학교 2년 계약직 교사가 되었다.

- 교사 직업은 좋은 것인데.

북한에 남겨진 두 딸에게 생계비를 보내려면 돈을 벌어야 했다. 돈은 생각처럼 쉽게 모아지지 않았다. 그 와중에 내가 무엇보다 자신 있는 아코디언 학원을 설립하고 운영했던 것이다.

- 적지 않은 시련도 있었겠다.

처음에는 학부형들이 "탈북민 선생이 과연 우리 아이들을 잘 가르칠까?" 하는 소리가 소곤소곤 들려왔다. 어이가 없었고 꾹 참았다. 그럴수록 이를 꼭 깨물고 "좋다! 내가 월등한 실력으로 당신들에게 반드시 확인을 해주리라"는 굳은 결의를 다졌다.

- 8년간 학원을 경영한 소감은.

"과학에는 국경이 없다"고 한다. 음악도 마찬가지다. 악기 연주, 무용 등 남북한 음악 예술이 크게 다른 것이 없다. 우리 학원의 현재 수강생은 월평균 30~40명이다. 매월 4회씩 지역사회 복지관서 80명 어르신께 음악치료 강의를 한다. 내 제자 24명이 경남 지역 곳곳에서 프리랜서로 공연활동을 하는 걸 보면 가슴이 막 뿌듯하다.

- 방과 후 수업도 하는가.

경상남도 창원남자고등학교 아코디언 강의 레슨을 1년간, 창원대학교 평생교육원 아코디언 교실 운영을 6개월간 하였다. 현재 창원시 의창구 동읍복지관에서 5년째 아코디언 교실을 운영한다.

- 어떤 사회활동을 하고 있나.

북한과 달리 남한은 제 마음에 드는 다양한 단체에 소속되어 자유롭게 사회활동을 하는 것이 너무 좋다. 현재 한국의 최대 통일운동단체인 '평화통일국민연합회' 경남협회 이사, 탈북민 정착 지원을 돕는 단체인 '통일지향협회' 이사, 고 황장엽 선생님께서 생전에 만드신 탈북민 단체인 '북한민주화위원회' 창원지부장으로 활동하고 있다.

- 기부를 많이 하는 것으로 안다.

지난 2015년부터 매해 200만 원의 장학금을 어려운 탈북 학생들을 위해서 기꺼이 내놓는다. 나는 11살짜리 딸을 데려와 함께 정착했기에 누구보다 한부모 가정의 어려움을 잘 안다. 탈북민 및 여러 통일운동 단체에 조용히 기부하는 형식이다.

- 고향이 어디인가.

　1963년 10월, 평양에서 태어났고 부친은 공군부대 군관이었다. 1968년 여름, 평양의 대홍수로 미림비행장이 물에 잠겼고 부대이동으로 황주, 원산 지역 등에서 근무했다. 1970년 부친은 연대장(상좌)으로, 1977년부터 2년간은 청진공군대학 학장을 역임했다. 이후 제대하여 함경북도당위원회 적위대부장으로 2년간 재직하였다.

- 경력은 어떻게 되나.

　청진제2사범대학(5년제) 음악과를 우수 성적으로 졸업하고 1984년 9월부터 남청진고등중학교, 은덕고등중학교 등에서 음악교원(교사)으로 근무했다. 이후 27살 때 강원도 주둔 군부대 군관에게 시집을 갔다. 여기서도 2개 학교 음악교원, 군부대 유치원장 등 모두 8년간 교단에서 사랑하는 학생들과 아이들을 가르쳤다.

- 군인 가족의 실태를 말해 달라.

　1989년부터 군관의 아내가 되었으니 자연스레 군인 가족으로 살았다. 1995~96년까지 2년간은 정말 악몽 그 자체였다. 남편은 대대참모장(소좌)이었으며 부대에서 군관들(대대장 이하 소대장까지)은 군인식당에서 하루 세 끼 부실하긴 해도 식사를 시켰다.

- 가족 생계는 어떤 방법으로 유지했는가.

　가족 식량배급은 최대 10개월분 밀려서 받았다. 미성년자인 세 딸은 내가 아니면 굶어죽을 판이다. 그러니 교원의 '영예로운' 체면도 버리고 오직 식량구입을 위해 온종일 뛰어다녔다.

- 상세히 설명해준다면.

낮에는 학교에서 수업하고 밤에는 마을의 군인 가족 집마다 다니며 여성들의 미용을 해줬다. 대신 쌀, 밀가루, 술·담배 등을 받았으며 술·담배는 식량과 바꿀 수 있다. 부대 주변에 소규모의 개인 텃밭을 몰래 일구어 감자, 옥수수, 무·배추 등을 심었다.

- 영양실조에 걸린 군인도 있어나.

부대(대대)에는 1995~96년, 2년간 상급부대(여단)에서 모여 온 각 대대 영양실조 군인들 포함해 보통 50여 명의 허약자가 있었다. 그들에게 매일 영양죽(옥수수가루죽)을 제공해야 하는 것이 부대에서 군인 가족들에게 할 당된 명령이었다. 대대에는 모두 38세대의 군관(장교) 가족이 있었는데 대부분 군관 아내들은 주부였다.

- 또 어떤 일이 있었는가.

가끔 부대에 쌀자루를 가득 실은 군용 화물차들이 수차례 왔다. 그 쌀자루에 '이천쌀' '임금님표' 등의 글귀가 있었는데 지금 생각해보면 아마 남한의 적십자에서 북한 주민들에게 지원해준 것 같았다. 쌀자루 운반 작업에 동원된 사병들은 상관 몰래 쌀을 훔쳐서 탄약고 등에 숨겨 놓았다가 배고플 때마다 조금씩 먹는 것을 보았다.

- 군대에서 명절은 어떻게 보내는가.

북한에서 김일성·김정일·김정숙(김정일의 모친) 생일과 조선인민군 창군일은 모두 국가명절이다. 다른 명절과 달리 이 명절은 특히 군대에서 크게 기념한다. 매해 이 날을 맞아 '군인 가족예술소조'(군관 아내들로 조직된 공연단)원 20여 명이 공연을 했다.

- 공연준비 조건은 어디서 보장해주나.

악기는 부대에서 제공해주었다. 나머지 의상이나 화장품 등은 100% 예술소조원인 개인이 자체로 마련했다. 공연 종목은 전부 김일성·김정일 선전 및 충성선동에 관한 것이다. 경연에서 우승을 해도 특별히 주는 상금이나 상품은 없었고 그냥 부대 정치부장이 회관에서 "부대의 이름으로 감사를 준다"는 내용의 축사뿐이었다.

- 언제 가장 힘들었는가.

2002년 가을 남편은 제대 이후 사고로 사망했다. 2004년 세 딸을 데리고 남편의 고향인 함경북도 회령으로 왔다. 조선노동당 함경북도 회령시위원회 산하 출판물보급소 지도원으로 임명(배치)되었다. 하는 일은 '노동신문' 수거 및 출판물(정치잡지) 대금 수납이다.

- 제대군관 가족의 생활 형편은.

내 월급은 1,300원 정도인데 받아보지 못했다. 대신 식량은 감자, 옥수수 등으로 꼬박꼬박 받았다. 이것도 시당위원회 소속 직장이니 가능했다. 돈이 절실히 필요했으니 어느 개인집을 교습소로 삼고 학생들에게 아코디언, 첼로, 기타 등을 남몰래 가르쳤다. 학생은 18명이고 한 달 수강비는 1만 원, 하루 1시간 수업이다.

- 외제와 북한제 악기 차이는.

평양의 중앙예술단에서 쓰는 악기는 일제, 독일제, 중국제 등으로 대부분 외제다. 북한제 아코디언 '백두산' 제품은 외제에 비하면 성능에서 많이 후졌다. 중국 연길에 친척이 있었고 중국산 아코디언을 구입하려고 2005년 12월, 첫 도강(탈북)을 했다.

- 이후 행적은 어떻게 되는가.

친척을 만나 아코디언을 받았으나 얼마 뒤 공안에 단속되었다. 연길, 도문변방대에서 1개월 지나 회령, 온성보위부로 강제 북송되었다. 직장에서 강제 퇴직, 나쁜 소문이 났으며 더 이상 과외수업도 못했다. 그리하여 중국에 가서 1년쯤 일해 장사 밑천을 마련하자는 속심에 2006년 5월, 온성 지역에서 두만강을 건넜다. 두 번째 탈북이다.

- 고향에 남은 세 딸은.

일단 중국의 연길은 탈북자 단속이 매우 심한 곳으로 너무나 위험하여 ○○지역으로 이동하였다. 약 5개월 뒤 북한으로 가서 11살짜리 막내딸을 데리고 나왔다. 첫째와 둘째딸은 브로커와 약속한 돈이 모자라 후에 데리고 나오기로 하고 잠시 포기했다.

- 마음의 고생도 많지 않았는가.

중국 ○○지역 마을에서 막내딸과 함께 농가 김치움에서 새벽 5시부터 밤 10시까지 2개월간 살았다. 사람이 햇빛을 보지 못하고 사니 뒤통수를 한대 맞은 마냥 정신까지 이상해지더라. 중국이라는 대륙에서 이 작은 몸 하나 감출 곳 없다는 것이 원망스러웠다. 타국의 어두운 지하에서 나라없는 백성의 설움이 얼마나 큰지 혹독히 느꼈다.

- 한국으로 언제 오게 되었나.

다행인 것은 그 농가가 친척의 집이어서 그나마 안전할 수 있었다. 더 이상 중국에서 공안을 피해 숨어산다는 것은 비참한 인생임을 알았다. 2006년 11월 심양, 베트남, 캄보디아 등을 거쳐 7개월 지나 꿈에도 그리던 남한으로 왔다. 2007년 5월이었다.

- 처음에 무슨 일을 하였는가.

서울에 임대주택을 받고 첫 일자리는 '감자탕집' 주방 일이었다. 거기서 2개월간 일하고 이후 청소대행업체에 취업하여 교회건물 청소를 7개월간 하였다. 그 와중에 담임목사님한데 "북한에서 음악교사였던 훌륭한 분이 청소를 해서 되겠는가. 공부를 해서 더 멋진 일을 하라"는 조언을 들었다. 지금 생각하면 정말 고마운 분이시다.

- 세상에 외치는 감사의 마음은.

14년간 남한생활 자체가 하나님의 은혜이고 한없는 사랑이다. 지옥의 땅 북한에서 어렵고 힘들게 살던 우리 모녀를 자유롭고 풍요로운 대한민국의 국민으로 받아준 이 나라 정부에 진심으로 감사를 드린다. 작게라도 그에 보답하는 마음으로 모범시민이 되어 국민의 의무인 세금을 열심히 내며 살고 있다. **탈북미녀의 추억**

15. 박진혜 ‖ 기계선반공 = 홍익인간세상을위한모임 회장

고향 방문의 길
탈북민에게 언젠가 꼭 열려야

1945년 해방과 동시에 분단을 맞은 한반도다. 38선 이북 지역은 김일성이 소련(러시아)의 사주를 받아 사회주의 체제를 수립하였다. 모든 인민이 사유재산 없이 국가에 소속되고 함께 일하고 같이 살자는 황당한 정책에 사람들은 고개를 가로저었다.

1950년에는 김일성의 남침으로 한국(6·25)전쟁이 발발해 3년간 지속되었다. 해방 후부터 휴전까지 8년간 사회주의 체제 북한서 자유민주주의 체제 남한으로 내려온 수백 만 실향민과 이산가족들이다. 실향민 1세대는 80~90세 고령이으로 많이 남지 않았다.

불우한 운명인 실향민들의 뒤를 이어 자유와 빵을 찾아 남으로 내려오는 사람들이 바로 탈북민이다. 1953년 이후 생겨난 탈북민(과거에는 귀순자로 지칭)은 2020년까지 대략 35,000명에 달하고 있다. 남녀노소 다양한 연령대이며 전국에 흩어져 있다.

지난 1980년대 중반에 시작한 소수 실향민들의 고향 방문(평양, 금강산에서 단체 상봉)이고 이제는 같은 실향민인 탈북민들의 차례라고 하는 일각의 주장도 있다. 2019년 12월, 서울시 모처에서 시민단체 '홍익인간세상을위한모임'을 이끄는 박진혜 회장을 만났다.

- 자신을 소개해준다면.

1974년 5월, 함경북도 청진에서 태어났고 형제는 남동생이 있다. 부모님은 청진수성식료공장 노동자였다. 1990년 8월, 고등중학교를 졸업하고 청진뜨락또르(트랙터) 부속품공장 기능공학교에서 2년간 공부했다. 이후 현장에 배치 받아 기계를 다루는 선반공으로 하루 평균 8~12시간 노동을 했다. 선반공 90%가 여자다.

- 다소 놀랐던 사례는 무엇인가.

간부들의 부정축재에 크게 의아했다. 그들은 현장의 창고장, 작업반장과 짜고 트랙터 부속품을 몰래 빼내어 많은 이익을 챙겼다. 그런 풍조는 1980년대 초반부터 일상화 되었다고 한다.

- 무슨 이유에서인가.

1990년대 중반부터 국가의 식량배급이 중단되니 노동자들은 생활전선(생계활동)에 나섰다. 공장의 트랙터 부속품을 노골적으로 훔쳐다가 시장(밀수꾼)에 팔거나 식량과 바꿔 먹었다. 간부들도 뾰족한 대안이 없으니 그 실태를 보며 아무 말도 못했다.

- 직장의 일과는 어떻게 시작하나.

아침 출근시간 때 공장 노동자 600명 대부분이 도보로 출근한다. 내 경우는 40분간 소요되는 거리다. 7~8%의 직원은 자전거를 타고, 일부 노동자들은 통근버스를 이용하기도 한다. 출근 도장을 찍고 세포비서가 주제하는 약 30분간의《노동신문》독보시간에 참가한다. 이 시간에 당의 정치선전 내용의 사설을 들어야 한다.

- 나쁜 추억이 있다면.

1994년부터 사방에서 굶어죽는 사람이 많이 생겼다. 또한 콜레라, 파라티푸스, 장티푸스 등 온갖 전염병이 파다했다. 병원에는 약이 없으니 누가 병에 걸렸다 하면 그냥 죽는 것이다.

- 부모님이 한 해에 사망했다는데.

우리 집은 식량을 위해 팔 수 있는 것은 전부 팔았다. 하루 풀죽 한 그릇도 없으니 성한 사람이 어떻게 살겠는가. 아버지는 1997년 3월에, 어머니는 4월에 굶어서 사망하였다. 내가 24살 때다.

- 졸지에 외톨이가 되었는가.

그렇다. 언젠가 군대 나간 남동생에게 부모님 부고소식이라도 알려주려 강원도 통천까지 무임승차 기차를 타고 갔다. 영양실조에 걸린 남동생을 부둥켜안고 울었다. 이후 양강도 대홍단으로 가서 감자이삭 줍기를 했다. 1997년 10월 초 이삭줍기 한 감자를 한 배낭 메고 청진으로 가려는데 안전원(경찰)에게 단속되어 전부 몰수되었다.

- 탈북 고민은 어떻게 하게 되었나.

어느 날 대홍단역전 주변서 세상을 원망하며 한숨을 쉬고 있었다. 어떤 여인이 와서 "처녀! 중국에 가서 돈을 벌고 싶은 마음이 없어? 잘하면 시집도 갈 수 있어" 하는 말에 귀가 솔깃했다.

- 이유는 무엇인가.

생전에 부모님은 나에게 농담 반, 진담 반 어투로 "너는 시집 못 갈 팔자"라고 했다. 그리고 돈만 있으면 뭐든 배부르게 먹을 수 있지 않겠는가. 며칠 뒤 그 여인의 도움을 받아 두만강을 건너 중국 땅을 밟았고 인신매매에 걸려 흑룡강성으로 가게 되었다.

- 그 후 어떤 생활을 하였는가.

한 달 뒤 시집을 갔다. 남편은 농촌지역에서 오토바이 택시를 했다. 북한서 월남자 가족, 부모님 비당원 신분 때문에 시집도 못갈 내가 외국에서라도 시집을 가게 되었으니 전혀 싫지는 않았다. 이후 아기가 태어났고 남편은 마작(카드놀이)에 빠져 가정운영이 어려웠다. 4년 뒤 아이를 남편에게 맡기고 광동성 심천시로 나왔다.

- 거기서는 또 무슨 일을 했나.

심천시는 중국에서 베이징 다음으로 큰 도시이다. 여기에는 한국과 세계 각국의 기업이 수두룩하고 한국 교민, 관광객도 많았다. 그들을 보면서 죽으나 사나 한국으로 가야겠다는 결심이 굳게 섰다. 그러면 한국으로 가는 비용을 벌고 방법을 잘 알아야 했다.

- 남한으로 어떻게 언제 왔는가.

식당서빙, 통역, 가정부 등을 하며 짬짬이 컴퓨터를 배웠다. 이어 한국에 있는 인터넷사이트 '탈북자동지회'에 접속해 탈북민 출신 브로커를 찾았다. 이후 1,000만 원의 비용을 지불하고 9살짜리 아들과 함께 2007년 6월, 서울로 왔으니 너무 행복했다.

- 처음에는 무슨 일을 하였나.

북한의 남동생을 데려오려면 또 돈이 필요했다. 1년 동안 스포츠마사지 사업을 하면서 돈을 벌어 1,000만 원을 들여 북한군에서 제대한 남동생을 2010년 한국으로 데려왔다. 남동생은 한국에 와서 결혼을 해서 4자녀를 낳고 행복한 가정, 잉꼬부부로 살고 있다.

- '홍세모'(홍익인간세상을위한모임)는.

지난 2018년 11월, 서울서 창립총회를 열고 설립했다. 본 단체의 사명은 남한에 입국한 3만여 탈북민들의 당국의 공식적 허가를 받아 고향 방문 실현을 위해 활동하는 것이다. 부회장은 김철웅 탈북피아니스트이고 이사는 6명, 절반은 남한 사람이다.

- 좀 더 구체적으로 말해준다면.

회원은 160명, 90%가 탈북민이다. 나머지 10%는 탈북민들의 고향 방문과 통일에 대해 관심을 가진 남한 분들이다. 단체 감사와 고문은 남한 분이며 통일부에 사단법인체로 등록할 예정이다.

- 탈북민들이 황당히 놀랄 일이다.

처음에 많은 탈북민들이 "도대체 그게 말이 되는 소리인가?" "북한이 우리를 배신자라며 증오하는데…"라며 화를 버럭 냈다. 심지어 "박진혜가 정신 나간 사람 아닌가?" 하며 온갖 폭언이 난무했다. 내가 그들에게 "고향에서 부모님이 굶어죽었는데 나만큼 북한 정권에 원망스러운 사람이 또 어디 있겠는가"며 설득시켰다.

- 그들의 반응은 어떠했는가.

다짜고짜 화부터 내고 보던 회원들은 시간이 지나서 "아! 그럴 수도 있겠다" "우리도 고향이 그리운 실향민이 아닌가"라며 미소를 짓더라. 지금까지 사회활동을 하면서 즉흥적인 성격의 사람들을 많이 보았다. 그것이 꼭 좋은 습성은 아니라고 본다.

- 어떻게 '홍세모'를 만들 생각을 했나.

TV에서 남북이산가족상봉 소식을 볼 때 마음이 아팠다. 내가 13년 동안 헤어졌던 남동생을 그리워한 마음에 비하면 평생토록 북의 가족을 보고 싶은 실향민들의 마음은 오죽하겠는가.

- 공감이 가는 사항이다.

우리 탈북민들도 실향민들처럼 똑같이 북에서 남으로 내려온 사람들로 분명히 이산가족이다. 3만 탈북민들이 고향에 두고 온 부모형제를 그리워하는 마음은 한결같을 것이다. 우리도 어떤 형식과 방법으로든 북에 남아 있는 가족을 찾고 만나야 한다.

- 그런데 북한당국이 받아들일까.

우선 국회에서 우리 탈북민들의 안전한 고향 방문을 위해 관련한 여러 법규 개정이 필요하다. 이를테면 탈북민은 합법적 대한민국 국민이라는 것을 북한 당국이 이해를 하도록 말이다.

- 또 다른 방법은 무엇인가.

국제사회의 협력이다. 무엇보다 UN이 인정하고 신변안전문제를 담보

하는 '탈북민 고향방문사업'으로 거듭나야 할 것이다. 북한도 엄연히 한국과 똑같은 UN회원국이다. 국제법은 모든 회원국이 의무적으로 지켜야 하는 것이다. 이렇게 한국과 국제사회가 담보하는 특별한 프로젝트라면 북한도 쉽게 거부하지 못할 것이다.

- 대단히 설득력이 있어 보인다.

북한 당국이 우리 탈북민들을 '변절자' '도망자'라고 한다. 엄밀히 말하면 북한 정권이 수립된 1948년 9월 이후 북에서 남으로 내려온 수백 만 명의 실향민도 모두 '변절자' '도망자'이다. 그들과 탈북민은 동일한 실향민인 동시에 똑같은 대한민국 국민이다.

- 그건 분명한 소리이다.

길게 잡아도 이제 10~20년 후면 이 땅의 실향민은 모두 세상을 떠날 것이다. 한 많은 그들의 뒤를 이어 탈북민 이산가족 상봉이 분명 생겨야 한다. 그것은 역사의 필연이다. 그 준비와 시작을 지금부터 하는 것이 '홍세모'의 활동이라고 보면 될 것이다.

- 어떻게든 북한이 변할 것 같은가.

꼭 변해야 한다. 북한과 마주하고 있는 한국, 그 동맹국인 미국과 일본, 심지어 중국과 러시아까지 모두 국제사회의 일원으로 정상국가이다. 우리는 어떤 방식으로든 국제사회와 협력하여 '탈북민 고향 방문 프로젝트'를 실현하기 위해 노력해야 한다. 이러한 정상적인 문제를 외면하면 그만큼 북한이 비정상 국가로 되는 것이다.

- 앞으로 어떤 계획이 있는가.

올해(2019년) 10월, 미국의 워싱턴과 뉴욕을 두 번 다녀왔다. 미국의회와 여러 시민단체 관계자들을 만나 탈북민들의 고향 방문 정당성을 조목조목 상세하게 서술한 편지를 전달했고 향후 협력을 약속했다. 이 업무만큼은 국제적 연대가 꼭 필요하기 때문이다.

- 충분히 이해가 되는 사안이다.

엄밀히 북한도 이제는 국제사회의 일원으로 정상국가로 거듭나려면 주변국 및 외국과 협력하여 존재하는 것이 바람직하고 정상이라고 본다. 2020년에도 미국과 유럽 등 북한과 우호적 관계인 나라들을 찾아 본격적인 업무협력 활동을 펼칠 예정이다.

- 끝으로 하고 싶은 말이 있다면.

남한 국민은 2천만 북한 동포를 꼭 사랑으로 품어야 한다. 그래야 반목과 질시로 대립한 감정이 풀릴 수 있다. 지난 75년간 남과 북은 불구대천의 원수로 살았다. 언제까지 이래야 하는가. 후대들에게 부끄러운 우리다. 이제 남북은 "내가 잘났다", "네가 못났다" 하기보다는 서로를 품어야 한다. 그것이 하나님의 사랑이다. `탈북미녀의 추억`

남북의 정 많은 우리 겨레,
한 핏줄이지요

슬기론 우리 겨레 한 핏줄입니다 / 그리움 안고 사는 한 식솔입니다

북과 남 형제들 서로 정을 합치면 / 우리 민족 하나 되는 통일이여라

아 통일 통일 통일이여라…

북한의 인기가요 〈백두와 한라는 내 조국〉의 한 구절이다.

25년 전 남한에 온 내가 처음으로 안보강연 차 비행기를 타고 찾았던 제주도이다. 게이트를 나서 공항청사 앞의 야자수를 보니 마치도 동남아 나라에 온 것 같은 착시현상까지 들었다.

더욱 그랬던 것은 제주 시내 풍경이다. 1996년 가을, 평양을 떠나 이듬해 봄 서울로 오기 전 5개월간 건설현장 노동을 했던 서남아시아의 쿠웨이트 도시환경과 매우 유사했다. 제주와 쿠웨이트는 바닷가 지역 도시로 고층건물보다 저층건물이 더 많았으니 말이다.

통일 후, 평화의 섬 제주도는 많은 북한 주민들이 찾을 최고의 관광지임은 전혀 틀림없다. 2021년 6월, 제주도 모처에서 탈북여성 중 유일하게 해녀로 일하는 성서연 씨를 만났다.

- 나서 자란 고향은.

1981년 8월, 함경남도 함흥서 태어났다. 형제는 2녀1남 중 맏이, 부친은 함흥동약관리소 지배인, 모친은 시(市)여맹위원회 간부였다. 나는 어려서부터 예능에 관심이 많았다. 고등학교 시절에는 전교학생 중 3번째 손가락에 꼽힐 정도의 놀새(공부하기 싫고 약자를 괴롭히는 등 불량행위를 좋아하는 학생)였으니 늘 부모님과의 마찰이 심했다.

- 사회경력은 어떻개 되나.

○○고등학교 졸업해인 1998년 초, 동창생 A씨는 친척의 힘으로 조선인민군4·25체육학원에 갔다. 그의 도움으로 나는 조선인민군4·25예술학원에 갈 준비를 했었다. 그 와중에 A씨가 자진 퇴학하고 와서 중국 장사꾼들과 밀수를 하게 되었다.

- A씨와 어떤 일이 있었는가.

그가 어느 날 "서연아! 중국에서 한 달간 식당 설거지를 하면 300위안을 받는데. 우리 중국에 가서 두 달만 일하고 올까? 그 돈이면 함흥에서 집을 하나 사고도 남아" 하는 것이었다.

- 탈북 동기가 그것이었겠다.

물론이다. A씨와 함께 1998년 3월, 함경북도 무산을 지나 탈북하였으며 중국으로 갔다. 17살의 나이인 우리는 대기 중인 인신매매범에 걸려 하북성 탕셴 지역에 인력(人力)으로 팔렸다. 이곳은 농촌 지역으로 대추, 땅콩, 밀 등이 주요 농작물이다.

- 다른 사람들도 있었나.

이곳에 아이, 어른, 남·여 등 몇 가족을 포함해 모두 40명의 탈북자가 있었다. 업주는 우리를 돈 주고 사왔기에 노예처럼 부렸다. 밥은 배불리 먹여 주었지만 돈은 주지 않았다. 거기에 반항하고 탈출을 시도했으나 본보기로 공안에 신고되어 북송되었다.

- 어떠한 처벌을 받았는가.

2002년 9월 온성보위부서 7일간, 청진집결소서 10일간의 도강(탈북) 조사를, 최종적으로 2년 징역형을 받았으며 ○○노동교화소(감옥)로 가야 했다. 다행히 아버지 지인의 도움으로 2개월간 노동단련대 입소로 무마되었다. 도로를 개설하는 혹독한 강제노동에 차출되어 오전 8시부터 저녁 7시까지 고된 노동을 하였다.

- 고뇌를 많이 하였을 것 같다.

단순히 돈을 벌려고 탈북했고, 노예노동을 하면서도 주권(공민권)이 없으니 싫었다. 중국에서 개가 쌀밥을 먹는 걸 보고 놀랐다. 북송이지만 조국이라고 다시 왔는데 죄인 취급을 당했다.

- 부모들의 반응은 어떠했는가.

노동단련대 생활을 마치고 집으로 오니 아버지는 "야! 너는 어디든 어서 시집을 가라. 우리 가문에 더 이상 짐이 되지 말고" 하였다. 아버지 가문에는 영웅이 2명이나 있을 정도로 성분이 좋았다. 그러니 더욱 오기가 생겼다. 내 기필코 중국으로 가서 돈을 벌어 우리 가족의 생활을 풍요롭게 만들겠다는 결심을 하였다.

- 재 탈북은 언제 하였는가.

2003년 2월, 단신으로 탈북을 했다. 노정은 1차 탈북 때와 같았고 목단 강 시골로 깊숙히 들어갔다. 옥수수 알까기, 김매기 등 농사일을 했고 수분 하, 동녕 등 여러 지역을 다니며 건설노동은 기본이고 돈이 될 만한 일은 가리지 않았다. 그 와중에 지인의 도움으로 호구(신분증)를 만들었고 이후 위해에 가서 여행사 도우미로 취업했다.

- 서울에는 언제 입경하였나.

내가 탈북하면 고향의 가족에는 큰 죄가 된다. 그래도 단 하루를 살아도 사람답게 살고픈 마음이 우세했다. 중국 호구를 갖고 여행사에 근무했으니 한국에 오는 건 별로 어렵지 않았다. 2007년 7월, 여행비자로 인천국제공 항에 들어와 국정원에 자수했다.

- 무슨 일로 생활을 시작했는가.

하나원을 수료한 내가 받은 주거지가 경상남도 통영시, 취업한 곳은 ○○ 조선소였다. 맡은 일은 제작 중인 대형선박(배) 안의 선장실과 기관실에 있 는 수많은 전기 및 통신선을 결선(설치 및 테스트)하는 것이었다. 근무 파트 에는 6개 조에 남자가 80명이고 여자는 나 혼자였다. 입사 2개월 만에 반 장으로 승진했으니 사람들이 놀랐다.

- 회사를 그만 둔 이유는.

○○조선소에서 2년간 열심히 일하며 다람쥐 쳇바퀴마냥 출근, 일, 퇴근 하는 생활에 다소 실증을 느꼈다. 그러던 중 '내가 자유의 땅에 와서 어딘 가 구속되어 살아야 하나?'는 생각이 들어 명예퇴직을 했고 사업(해산물 포

장마차)을 하였다. 돈은 크게 벌지 못해도 마음만큼은 일단 편했다. 이때부터 사업의 묘미를 솔솔 느꼈다.

- 또 다른 경력은 어떤 것인가.

결혼 이후 육아를 했다. 항상 무엇인가 새로운 것을 해보고 싶은 욕망이 가득한 나였으며 2015년 경남 거제시에 처음으로 해녀학교가 생겼다. 여기에 눈이 꽂혔고 바로 학교를 다녔다.

- 조금 상세히 설명해 달라.

해녀학교는 교육기간이 4개월짜리인데 주 2일간, 하루 8시간 이론 및 실기실습을 한다. 든든하고 건강한 체력조건은 기본이다. 1기로 졸업을 했는데 30명의 졸업생 중 첫 번째로 김해의 모 선주에게 스카우트 되었다. 탈북여성이니 정신력과 생활력이 남보다 강할 것이라는 절대적인 호기심이 선주에게 완강히 작용했던 것 같다.

- 제주도에는 언제 왔는가.

거제에서 1년간 해녀생활을 하고 이왕이면 내 적성에 맞는 해녀생활을 좀 더 전문적으로 해보고 싶은 충동이 강하게 들었다. 아름다운 섬, 제주도로 가고픈 생각이 굴뚝같았고 다행히 좋은 직장(○○조선소)에 다니던 남편이 내 뜻을 쉽게 받아주었다.

- 무척 고마웠겠다.

그렇다. 지난 2017년 4월, 사랑하는 남편과 함께 두 딸을 데리고 여기 제주도로 이사 왔다. 이후 제주해녀학교(4개월)를 졸업했으며 '잠수회원증'

을 받고 당당한 해녀가 되었다. 참고로 제주해녀문화는 2016년 유네스코 인류무형문화 유산으로 등재되었다.

- 해녀는 어떤 사람인가.

한 마디로 해녀는 산소호흡기 없이 바다에 잠수하여 해산물을 채취하는 여성이다. 세계에서 해녀가 있는 나라는 한국과 일본뿐이다. 현재 한국에는 부산, 통영, 삼척 등 지역에 해녀들이 수백 명, 제주에는 수천 명이 있다. 그래서 제주해녀를 '어머니해녀'라고 부른다. 선주(회사)에 소속되거나 혹은 개인(사업) 해녀가 있다.

- 바다는 해녀에게 달리 보이나.

해녀들 사회에서는 노동현장인 바다를 보통 세 종류로 구분한다. 섬에서 가까운 곳은 '짧은바다', 바닷가에서 다소 떨어진 곳은 '나간바다', 거리가 아득히 먼 곳은 '긴바다'라고 부른다. 해녀들의 사용도구는 물옷, 물안경, 빗창, 까꾸리, 테왁망사리 등이 있다.

- 해녀도 부류가 있다던데.

세 부류다. 얕은 바닷가에서 파래를 따는 해녀는 하근, 수심 10m에서 물질(바다 속에서 해산물 따는 일)하는 해녀는 중근, 그 이상 깊이서 물질하는 해녀를 상근이라고 한다. 상근은 일명 고수해녀로 보통 한 번 잠수해서 2분 이상 작업을 한다. 상근이 되려면 최소 20년 이상의 경력을 가져야 한다. 나는 현재 하근이다.

- 하루 일과가 궁금하다.

　날씨에 따라 다르며 한 달에 약 12일간 바다에 들어간다. 시간도 물때 (밀물과 썰물이 들어오고 나가는 시간)에 따라 다르며 평균 오전 7시부터 오후 1시까지다. 수심 5~20m 깊이에서 물질을 진행하며 소라, 해삼, 전복, 성게, 미역 등을 채취한다. 수협이나 개인 식당들에서 경매로 가져가며 수입은 해녀 부류에 따라 다르다.

- 과거 도시 생활은 어떻게 추억 하나.

　한국에 입국하여 경남 지방에서 10년간 도시생활로 살았고 현재 제주도에서 5년째 살고 있다. 많은 사람으로 북적이는 육지에서의 생활은 너무나 처절하면서 치열했다고 할까. 아침에 눈뜨면 출근(사업), 업무집중, 퇴근 등이 반복되어 마치도 돈에 쫓기는 삶이었다.

- 섬 생활의 특성은 뭐라고 보는가.

　섬(제주도) 생활은 육지와 많이 다르다. 제주도는 국내관광 1위로 한국의 대표적 관광지다. 많은 주민들이 관광 산업에 종사하다 보니 물질보다 정신적으로 여유로운 생활의 모습을 보인다. 한국에서 15년 살아보니 돈과 여유생활 습성은 다소 별개라고 본다.

- 언제 행복한 순간으로 느껴지나.

　바다 일을 마치고 집으로 돌아와 7살, 5살 난 두 딸을 안으면 하루 피곤이 말끔히 풀린다. 물론 드살(자존심과 자기주장이 매우 강한 사람을 지칭하는 함경도 사투리)이 센 이 '함흥여인'을 따라 생소한 제주도에 정착 중인 토박이 남한 출신 남편에게도 감사한 마음이다. 항상 나에게 사랑과 용기를 주는 그이가 세상에서 정말 최고다.

- 인터뷰를 어렵게 했는데.

많이 고민을 했다(웃음). 가장 큰 이유는 어린 두 딸에게 엄마의 가슴 아픈 고향 이야기를 벌써 해주고 싶지 않았기 때문이다. 성인이 되면 꼭 해줘야겠다는 마음은 변함없다. 한편으로 보잘 것 없는 나의 사례가 남한에 정착하는 후배들에게 다소나마 도움이 되었으면 하는 마음도 있었기에 결국 이렇게 수락하게 되었다.

- 진심으로 감사하다.

탈북민도 이북 고향의 실향민으로 똑같은 북향민이다. 800만 이북 도민의 주간종합지 《오도민신문》에 연재되는 〈림일 작가의 통일인터뷰〉가 진정으로 마음에 와 닿았다. 그것을 보며 멋지고 훌륭한 탈북민이 너무 많다는 사실에 사뭇 고개가 숙여졌다.

- 간절히 바라는 마음은.

어느덧 나이 마흔을 넘기고 보니 사랑하는 부모형제가 있는 내 고향 함흥이 더욱 그립다. 못난 자식으로 부모에게 효도하지 못한 죄책감은 늘 마음 한구석에 안고 있다. 단란한 가족과 함께 제주에서 비행기를 타고 내 고향 함경도에 있는 민족의 명산 백두산으로 여름휴가를 다녀오는 통일의 날이 어서 왔으면 좋겠다. **탈북미녀의 추억**

17. 임예진 ∥ 행정지도일군 = 통일한울회 대표

받은 큰 사랑을
작은 봉사로 꼭 보답해요

내가 대한민국의 대표적 통일정보 주간지《통일신문》객원기자 활동을 한 지도 퍽이나 시간이 유수처럼 지났다. 우리 사회 일상에서 남북관계, 통일안보, 실향민 및 탈북민 사회 등의 다양한 소식을 발빠르게 취재하고 지면에 소개하는 것을 소신으로 여기고 있다.

가끔 동료들이 사석에서 "림 작가! '기자'와 '객원기자'는 무슨 차이인가?" 하고 묻기도 한다. 그러면 다소 미소를 보이며 "기자는 신문사 정식 직원으로 4대보험가입, 월급을 받고 객원기자는 프리랜서로 기사 당 소정의 원고료만 받는 사람이다"고 말한다.

언론의 3대 원칙인 신속, 정확, 공정을 생명으로 하는 모든 사안의 취재는 기자가 찾아가지만 행사주최 측의 요청으로 이뤄지는 경우도 종종 있다. 그 중에는 탈북민 단체도 제법 있으며 대표적으로 인천 지역에 있는 최대 탈북민 단체인 '통일한울회'이다.

봉사, 나눔, 워크숍 등 어떤 행사계획이 세워지면 미리 반드시 알려주며 "림 기자님! 이번에도 잘 부탁드려요" 하는 당부를 잊지 않는 담당자도 있다. 2020년 1월, 인천시 논현동에 위치한 '통일한울회'를 찾아 임예진 대표와 찻잔을 놓고 마주 앉았다.

- '통일한울회'를 소개해 달라.

2014년 10월, '한울동호회'로 봉사동아리를 만들어 출발했다. 우리 탈북민들도 이제는 봉사하면서 사는 모습을 보여주고 싶었다. 처음 5명으로 시작한 모임은 입소문으로 숫자가 늘어났다. 2016년 10월, '통일한울회'로 단체 이름을 바꿨으며 이후 비영리민간단체지원법 제4조 제1항에 의해 인천광역시에 등록된 탈북민 단체이다.

- 과거 어떠한 행사를 진행했나.

봉사와 나눔을 위한 활동과 통일합창대회에 2회 출연하여 각각 인천광역시에서 1등과 시민평화상, 우수상을 받았다. 매월 한 차례씩 노숙자 200명에게 무료급식 나눔 행사를 했다. 또한 회원들이 정성을 들인 수세미 100개 나눔과 떡 만들기 행사, 김장김치를 직접 만들어 소외계층, 불우이웃 100명에게 나눠주었다.

- 환경미화 봉사활동도 하던데.

매월 한 차례씩 지하철 소래포구역 주변서 2시간씩 담배꽁초, 휴지, 쓰레기, 캔 등을 줍는 일을 한다. 이 지역의 대형수산시장에 사람이 붐벼 쓰레기도 만만치 않다. 이 일을 5년째 하고 있다.

- 또 다른 일은 무엇인가.

매주 독거노인과 장애인의 집을 찾아다니며 사랑의 나눔과 집안일을 거들어주고 있으며 외로움을 덜어주기 위해 어르신들의 말동무를 해준다. 또한 질병으로 인하여 병원에 장기입원 중인 환자들을 찾아가 위로해주는 봉사활동도 계속하고 있다.

- 일하는 보람을 많이 느끼겠다.

탈북 선·후배 사이에 사회 정착을 위한 유익한 정보교환을 하고 있다. 우울증에 시달리는 탈북민들을 찾아가 마음의 상처를 달래주며 삶의 활력을 찾을 수 있도록 멘토링 역할을 하고 있다.

- 꾸준히 노력해서 얻은 성과도 있나.

회원 중에 40대 후반의 여성이 있다. 먼저 남한에 온 남편은 다른 여자와 동거했고 혼자 세 자녀를 키우자니 힘들었다. 하루에도 몇 번이나 아파트 옥상에서 뛰어내릴 생각을 했었다. 그러던 중 우리 단체에서 봉사활동을 하며 마음이 바뀌고 얼굴이 밝아졌다. 이후 남편도 돌아왔고 지금은 행복한 가정으로 잘 살고 있다.

- '통일한울회'의 기본 사업은 뭔가.

한국전쟁 휴전 후 한반도의 남과 북을 모두 살아본 우리가 통일의 선구자적 역할을 해야겠다는 자긍심이 생겼다. 이제 여덟 살인 우리 단체의 주된 사업은 통일교육 및 평화홍보 활동(청소년통일교육, 통일합창공연 등), 지역사회 주민들과 연계활동(남북한문화비교 체험 등), 탈북민들의 지역사회 정착 지원 및 봉사활동을 동한 자아개발이다.

- '예사랑노인주야간보호센터'는.

내가 5년 전에 꼼꼼한 준비 끝에 설립했다. 주로 복지대상 가정을 방문하여 노인들을 위한 재가복지 서비스를 진행하였다. 재가복지 사업을 하면서 통합재가 서비스의 필연성을 절실히 느꼈고 사업장을 작년 7월 초에 호구포역 근처로 이전 확장하였다.

- 시설 규모는 어느 정도인가.

기존의 사업장은 15평이었는데 그에 비하면 이곳은 105평 규모이다. 거의 8배가 큰 것이다. 지자체 사업승인도 어르신 생활시설로 적합해야만 허가된다. 어르신들의 인지 및 신체활동, 다양한 프로그램 제공을 위해서는 각종 시설을 갖춰 놓아야 한다.

- 구체적으로 설명해 달라.

노인보호센터는 쉽게 말해서 '어르신유치원'이라고 보면 된다. 거동이 불편한 노인을 포함해 어르신들이 식사하고 푹 휴식할 수 있는 공간이 따로 있어야 한다. TV시청을 하고 가벼운 운동과 레크리에이션 등을 할 수 있는 자리도 있다. 요가운동을 할 수 있는 공간에 안마기, 물리치료기, 족욕기, 러닝머신 등이 구비되어 있다.

- 센터 입소대상자의 기준은 뭔가.

국민건강보험공단에서 장기요양 판정을 받은 요양등급을 가진 65세 이상 어르신을 기본으로 한다. 간혹 65세가 안 되었더라도 노인성 질병을 가진 사람이면 가능하다. 이런 경우 노인성 질병을 확인하는 서류가 구비되어야 한다. 정부의 사업 보조비로 운영되는 기관이고 시설이기에 관계부처의 점검이 매우 까다롭다.

- 어르신들의 하루 일과는.

오전 8시부터 아침송영이 시작되며 어르신들을 차로 일일이 다녀 모셔온다. 센터에 도착해서부터 맨 먼저 어르신들의 건강상태를 체크한다. 이어 영양식을 드시고 30분간 체조, 그림색칠, 종이접기 등을 한다. 점심식사 후 1시간 정도 휴식한다.

- 다른 프로그램도 있는가.

오후에는 센터 내에 구비된 여러가지 시설을 이용하며 각종 물리치료를 받는다. 또한 프로그램에 따라 외부강사가 와서 레크리에이션, 노래연습, 웃음치료 등을 한다. 저녁식사 후 저녁송영으로 어르신들을 집에까지 안전하게 모셔다 드리고 있다.

- 센터 직원들의 현황은.

현재 우리 센터에 등원(출근)해서 서비스를 받는 어르신은 11명이다. 사무실에 사회복지사 3명, 간호조무사 1명, 요양보호사 2명, 조리사 1명, 운전기사 1명 등 모두 8명이 있으며 계약직 근로자이다. 대부분 탈북민으로 근무에 열성적이다. 여러 어르신들의 다양한 욕구에 초점을 맞추어 낮 동안 돌봐드리는 서비스를 제공하는 것이다.

- 가정 방문 어르신은 몇 분인가.

현재 우리 센터가 전문적으로 관리하는 가정방문 서비스를 받는 어르신은 모두 48명이다. 이들을 위한 방문요양 보호사는 모두 30명으로 그 중 절반이 탈북여성이다. 한 가정에 보통 3시간, 하루 2~3가구를 방문하는 이들은 시간제 근로자이다.

- 특별한 직업 정신은 어떤 것이나.

직원들에게 어르신들을 돌보는데서 항상 자기 부모님을 모시듯 정성과 친절을 다하라고 당부한다. 쉽게 표현하면 어르신이지만 아이를 돌보는 엄마의 마음이라 할까 "늙으면 아이가 된다"는 말도 있다. 사람은 누구나 나이가 들면 지능과 신체동작이 저하된다. 사소한 것에 예민하게 반응하고 때로는 규칙을 어기기도 한다.

- 고향이 어디인가.

함경북도 어랑군에서 1975년 5월에 태어났다. 아버지는 ○○기계사업소 기사(기술자)였고 어머니는 평범한 주부였다. 친할아버지가 6·25전쟁 때 인민군 군인으로 남한 지역에 내려갔다가 불행히도 국군에게 포로가 되었으며 전후 '포로 맞교환'으로 귀환하였다.

- 마음고생을 많이 하였겠다.

당연하다. 할아버지의 얼룩진 신분 때문에 아버지는 노동당 입당도 못하고 항상 우울한 표정이었다. 또한 나도 1991년 8월 고등중학교 졸업 성적이 좋아 학과경연에서 도(道)적으로 우수해 평양기계단과대학에 추천 받았으나 학교 내에서 부결되었다.

- 사회 경력을 말해 달라.

1995년 4월, 어랑기계전문학교 자동차공학과를 졸업하고 청진여객자동차사업소에 배치 받았다. 버스 차장, 사령실 경리 업무를 1년 하였다. 이후 청진시 수남구역 인민위원회 군수동원과 상무(일정기간 검열조)로 3년간 근무했다. 맡은 업무는 유사시 자동차 부품 조달 및 관리에 대한 체계를 현장 점검하고 기록하는 것이다.

- 탈북은 혼자 했는가.

열심히 일해도 밥 먹고 살기 힘든 북한 사회에 날이 가고 해가 갈수록 실망했다. 그러던 중 중국 보따리 장사꾼에게서 솔깃한 제안을 받았다. "중국에 가면 돈을 쉽게 벌 수 있다"는 말에 2005년 초겨울 4촌 여동생(22세)과 회령에서 두만강을 건넜다.

- 중국에서의 생활은 어떠했나.

어렵게 위생젓가락 공장에 취업했으나 주변 환경이 불안하여 2개월 후 탈출, 목단강으로 이동했다. 목단강서 조선글(한글) 간판을 찾던 중 어느 교회에 들어갔고 거기서 8개월간 생활하였다.

- 한국으로 어떻게 언제 왔는가.

북한과 똑같은 사회주의 정치국가인 중국 당국은 '불법입국자'인 탈북자 색출에 여념이 없다. 탈북자는 공안에 단속되지 않으려면 음지에서 숨죽이고 있어야 한다. 다행히 한국선교사와 중국지인의 도움으로 20명(여17명, 남3명)의 탈북자가 그룹이 되어 중국-몽골 국경을 넘어 울란바토르로 갔고 2008년 8월, 서울로 왔다.

- 대학공부를 많이 하였던데.

내가 북한에서 부모님께 효도하지 못한 것이 한이 되어 어르신 돌봄을 위한 사회복지학을 배우고 싶은 욕망이 솟구쳤다. 숭실사이버대학교 경영학과에 편입하여 사회복지학과를 복수전공하여 2015년 2월에 졸업하였다. 이듬해 3월에 사회복지사 자격증을 취득했으며 아주대학교 경영대학원 경영관리 석사과정을 마쳤다.

- 제일 고마운 사람은.

누가 뭐라 해도 사랑하는 남편이다. 내가 남한에 와서 늦깎이로 대학공부를 할 때에 적극적으로 도와주었다. 하나뿐인 외동딸 양육과 가사를 도맡아하면서 날보고 공부만 열심히 하라고 응원해주었으니 그보다 고마운 일이 세상에 어디 있겠는가 말이다.

- 또 다른 분은 누구인가.

이강호 인천 남동구청장이다. 인천 남동구에 대략 1,800명의 탈북민이 있다. 이들에게 깊은 관심과 따뜻한 사랑을 갖고 계시는 이강호 구청장이다. 우리 단체 행사는 만사를 제쳐놓고 격려해주시려 오시는 고마운 분이다. 작년 7월 7일, 센터사무실 이전식 행사는 휴일에 했는데 그날도 기꺼이 오셔서 진심으로 축하해 주셨다.

- 탈북민들에게 하고 싶은 말은.

우리 탈북민들은 북한서 한 달에 쌀 20kg만 있어도 부자로 생각했다. 여기 남한서는 하루 벌어 자그마치 60kg의 쌀을 살 수 있으니 여기는 분명 '천국'이다. 직업에는 귀천이 없다. 뭐든지 준비하는 자에게는 기회가 오기 마련이다. 자기 일에만 충실하면 이곳 남한이 살 맛 나는 세상임을 온몸으로 느끼게 될 것이다. **탈북미녀의 추억**

18. 김혜성 ‖ 수의사 = 서울 양천구청 주무관

후배들 공무원 채용에
도움을 주다

 1953년 7월, 북한 김일성이 도발한 치욕스러운 한국(6·25)전쟁 휴전과 동시에 시작된 탈북민 역사다. 한때 '귀순용사'라고 불렸던 1960~70년대는 주로 인민군에서 탈영한 병사들, 38선을 넘어 내려오는 민간인이 많았고 1년에 평균 10명 안팎이었다.

 박정희 대통령의 특별 지시로 1970년대 후반에서 80년대까지 입국한 탈북민들에게는 좋은 대우가 차려지기도 했다. 우선 거처할 수 있는 주택을 받았고 본인이 원하는 기업에 취직이 되었으며 1년간 안보강연료는 보통 30평대 집 한 채 살 만한 거금이었다.

 1990년대부터 구세주와도 같았던 동구권 사회주의 붕괴, 김일성 사망, 지연재해 등으로 북한은 심각한 경제난에 빠졌다. 고난의 행군으로 300만 인민이 아사하는 비극을 맞았다. 이후 1년에 평균 1,000명의 북한 주민이 탈북자가 되어 남한으로 들어왔다.

 탈북민들이 남한에 와서 가장 어려운 것은 일자리 찾기이다. 정착지원기관에서 6개월간의 직업훈련 교육을 받고 본인이 알아서 찾아야 한다. 창업은 꿈도 못 꿀 일이다. 2021년 5월, 서울 양천구청 민원여권과 김혜성 주무관을 구청 주변에서 만났다.

- 남한에는 언제 왔는가.

2009년 1월, 이제 겨우 5살짜리 딸과 함께 왔다. 이후 중국에서 함께 살던 남편을 데려오려 했으나 간암으로 사망했다. 기구한 나의 운명이다. 2009년 6월, 하나원(탈북민정착교육기관) 수료 후 경북 대구에 주거지를 받았으며 노동부 산하 대구고용센터 직원채용 면접에 합격하여 북한이탈주민 담당자로 근무하였다.

- 서울에는 언제부터 사는가.

4년 뒤 상경하여 2015년부터 서울남부고용센터 직업상담사로 재직했다. 2017년부터 경기도 부천시청 행정과에서, 2019년 7월부터 서울시 양천구청 민원여권과 주무관으로 근무한다.

- 좀 더 자세히 소개해 달라.

서울의 각 구청과 마찬가지로 양천구청 1층에는 종합민원과가 있다. 민원(구청으로 업무를 보러 오는 주민)에게서 해당 서류를 받고 여권 신청 및 발급과 관련한 모든 업무를 관할하고 있다. 참고로 기존에 외교부에서 하던 국민들의 여권 발급은 1988년 서울올림픽 이후 각 지방 자치단체로 이관되었다. 그때부터 여행 자유화가 되었다.

- 공무원의 준칙은 무엇인가.

청렴, 비밀엄수, 복종, 품위유지 등 8가지 준칙이 있다. 이에 따라 민원에게서 5만 원 이상의 선물수수 및 식사대접을 받아도 반대로 할 수도 없다. 심지어 커피나 음료수를 받아도 안 된다.

- 후배들 공무원 채용에 도움을 주었던데.

지난 7년간 서울과 지방에서 탈북민 7명을 공무원으로 취업시켰다. 정보, 공지, 안내 등 도움을 드렸던 것이다. 취업 정보수집, 면접, 입사 등은 남한 사람도 어려운 것인데 수십 년 다른 사회에서 살다가 온 탈북민들은 더욱 힘든 것이다. 탈북민 구인·구직 정보를 탈북민 사회 최대 단체 카카오톡방(북통방)에도 꾸준히 올려준다.

- 탈북민 공무원은 어느 정도 되나.

전국에 대략 백여 명, 서울에는 수십 명이 있을 걸로 추산한다. 솔직히 말해 1990년대까지만 해도 탈북민 공무원은 상상도 못한 직업이었다. 그때와는 달리 시대가 많이 변했다는 것이며, 또한 탈북민들의 공무원 취업 도전도 분명 있었다고 본다.

- 사회단체 일과 공무특성은 뭔가.

사회단체는 이름 그대로 일부 사회적 문제 해결이나 복지 및 봉사를 목적으로 활동하는 집단이다. 사무실과 재정은 기본이고 구성원, 정관 등이 있어야 한다. 공무원은 국가 및 지방자치단체에서 일하는 사람을 말한다. 공무원은 국민의 모범으로써 자신을 국가에 바쳤다는 헌신의 정신으로 사명감을 갖고 일해야 한다.

- 본인의 자긍심은 어떤 것인가.

구직자들의 희망이 대기업에서 공무원 및 공기업으로 바뀐 적이 있었다. 그만큼 인기가 있는 직업이다. 우리 탈북민들도 얼마든지 공무원으로 일할 수 있는 가능성이 있음을 보여주고 싶다.

- 언제 어디서 태어났나.

1975년 5월, 양강도 대홍단군에서 태어났다. 오빠와 남동생이 있다. 아버지는 무산목재일용품공장 초급당비서(당간부), 어머니는 읍탁아소 보육원(교사)이었다. 1995년 8월, 대홍단농업전문학교(3년제) 수의축산과를 졸업하고 대홍단국영농장 신흥분장 수의사로 배치 받았다. 혜산농림대학(4년제)은 통신으로 졸업하였다.

- 근무했던 대홍단국영농장은.

북한 최대 국영농업기업소로 감자, 밀, 보리, 들쭉 등을 재배하며 국가 전체 생산량의 80%를 차지한다. 6·25전쟁 이후 김일성의 교시로 생겼으며 1970년대 후반부터 축산업도 한다. 공식명칭은 '대홍단군종합농장'인데 일상에서는 '국영농장'으로 부른다.

- 대단한 규모가 아닌가.

대홍단군 인구의 85%가 대홍단종합농장 노동자(출퇴근을 하며 월급, 식량 배급을 받는 사람)들이다. 읍분장, 개척분장, 삼봉분장 등 10여 개 분장이 있고 한 개 분장 노동자는 대략 150~300명이다.

- 목장의 현황을 말해 달라.

사육돼지 300~500마리 규모의 목장이다. 언젠가 중국의 농촌을 방문하고 돌아온 김정일이 특별한 지시를 내렸다. "우리도 중국처럼 돼지를 현대화된 목장에서 키우라"는 지적에 따라 신흥분장 돼지목장을 현대화로 개량하게 되었다. 노동자는 60~70명, 수의사는 나까지 3명 있었다. 허나 중국과 다른 점이 있었다.

- 뭐가 어떻게 다른가.

중국은 24시간 전기가 들어오고 거기에 돼지사료는 좋은 옥수수를 사용한다. 사육이 잘 될 수밖에 없다. 북한은 전기가 5~6시간 정도 오고 사료는 두박(기름을 뽑아낸 콩 찌꺼기) 혹은 발효된 감자 찌꺼기에 풀을 섞어 끓여 사용한다. 사육이 안 될 수밖에 없다.

- 방역 사고는 잦은가 뜸한가.

목장에서는 평균 1년에 한 번 정도 대형 방역사고가 발생한다. 주로 돼지열병(장티푸스), 발족이 섞어드는 병 등이다. 방역사고가 났다하면 보통 50~60마리의 돼지가 폐사된다. 간혹 합숙생들이 매장된 돼지를 몰래 파서 먹기도 한다. 주로 뒷다리 부위를 가져와 깨끗이 씻어서 반드시 끓여 먹는데 아무런 탈도 안 난다.

- 당시 대홍단군의 식량 사정은 어땠나.

다른 지방과 달리 대홍단군에서는 생각만 해도 끔찍한 고난의 행군시기(1990년대 중후반)에 굶어죽은 사람이 전혀 없었다. 이유는 식량(쌀·옥수수) 배급을 못 받는 대신 가을에 감자라도 꼭 받았기 때문이다. 1년분 식량의 5~6배에 달하는 감자를 꼬박꼬박 받았다.

- 전혀 다른 세상이 아닌가.

그렇다고도 볼 수 있다. 집집마다 몇 톤씩 되는 감자를 저장움(야외에 있는 지하창고)에 두고 1년 내내 먹는다. 당시 주변지역 일부 사람들은 국영농장 주변에 천막을 치고 며칠씩 묵으면서 다 캐낸 감자 밭을 다시 헤치면서 쭉정이 감자를 찾기도 했다.

- 다른 경력도 있나.

1997년 2월부터 국영농장 노동자 주택을 전문 건설하는 대홍단건설사업소 경리(통계)원으로 재직했다. 종업원 230명 중 90%가 남자다. 사업소에 일감이 많지 않아도 직원들은 출근해서 사회노동이라도 반드시 해야 한다. 안 그러면 식량배급표를 받을 수 없다.

- 강제로 하는 사회노동은 뭔가.

중국 수출(매매)용 나무를 벌목하러 노동자 수십 명씩 사업소에서 깐깐하게 짜준 작업조를 형성해 산림현장에서 일을 한다. 온종일 벌목한 수백 입방의 나무는 며칠 뒤, 중국 장사꾼들이 10톤 화물차 20~30대(2~3대에는 밀가루를 적재함)를 가져와 실어간다.

- 다소 황당한 마음이었겠다.

헐값으로 넘겨지는 북한의 목재이다. 우리가 너무 아쉬워 "조금이라도 밀가루를 더 달라"고 요구하면 중국 상인들은 나무를 다 부려놓으라며 거절한다. 그러면 우리는 "미안하다"고 사죄한다.

- 왜 중국인들이 큰 소리를 치는가.

한마디로 조선(북한) 사람을 업신여겨서다. 중국에 흔한 밀가루가 없어 못 먹는 조선인들이니 얼마나 우습게 보였겠는가. 아마 속으로 노예처럼 보았을 것이다. 벌목 현장과 민가 지역의 구간은 화물차를 타고 다닌다. 언젠가 적재한 나무가 으르르 쏟아지면서 여러 명의 노동자가 나무에 깔려 죽거나 중상을 당한 경우도 있었다.

- 그런 경우 어떤 보상이 있나.

사업소 간부(지배인, 당비서, 직장장)들이 망자의 장례식 장소(주로 가정집) 혹은 묘소에 와서 고인의 영전 앞에 술 한 잔 부으면 최고의 예우이다. 비통한 심정의 유족에게 차려지는 물질적 보상은 아무것도 없다. 북한에는 생명보험, 근로재해보험 등이 전혀 없다.

- 탈북 동기를 알고 싶다.

내가 23살 때 부모님은 2년 새 모두 질병으로 사망했다. 오빠는 군대제대 후 대학을 추천받아 왔는데 집안 생활 형편이 어려워 난감했다. 어느 날, 어떤 여인(탈북 브로커)이 "중국에 가서 고사리 따는 일을 한 달간 하면 큰돈을 받을 수 있으니 생각이 없는가?"고 묻기에 더 고민해볼 시간도 없이 선뜻 그러겠다고 대답을 했다.

- 그러면 언제 중국으로 갔는가.

2002년 6월, 두만강을 건너간 곳은 중국 화룡이다. 여기서 극악 인신매매단에 걸려 반항을 하며 몸부림쳤으나 남자 브로커들의 발길·주먹질뿐이었다. 파김치가 된 몸으로 길림 화전으로 팔려 갔는데 북한서도 못 본 낡고 허름한 심신산골의 농촌 집이었다.

- 어떤 고생을 하였는가.

강제로 간 시집에는 시아버지와 남편 등 7명 대식구가 있었다. 어떻게 하나 악착스럽게 돈을 벌어 고향으로 가겠다는 마음은 굴뚝같았으나 3개월 만에 태아가 생겼으니 결국 포기하고 말았다. 7년간 있으면서 돌아가신 시어머니와 같은 희귀난치병을 앓던 시형, 시누이와 시아버지까지 사망했고 모두 내 손으로 장례를 치렀다.

- 탈출할 마음은 언제 가졌나.

인근에 나처럼 인신매매로 시집와서 살던 탈북여성이 어느 날, 공안에 잡혀 북송된 사실을 알고 소름이 끼쳤다. 이후 계속 잠자리에 들면 북한 보위부에 잡혀가는 악몽만 꾸었다. 또한 주변에서 나의 신분(탈북자)을 의심하는 사람들도 있었으니 말이다.

- 어떻게 실행하였는가.

풍설에 의하면 중국공안이 주는 탈북자 신고포상금은 북한당국이 지불한다고 했다. 공안의 단속을 의식하니 중국의 그 넓은 땅도 감옥처럼 느껴졌다. 중국은 북한처럼 정치독재국가다. 이후 한국행을 결심하고 브로커를 통해 선을 찾았고 심양, 곤명, 태국을 경유했다.

- 후배들에게 한마디 해 달라.

중국도 여권은 외교부에서 발급하되 서류가 복잡하고 기일도 오래 걸린다. 공산국가이니 외국의 이념(사상) 유입에 신경을 곤두세운다. 그에 비하면 본인 거주 관공서(구청)에서 신청 3~4일 만에 발급받는 한국 여권으로 187개국 무비자 여행이 가능하다. 이런 좋은 나라의 국민임을 늘 감사하게 생각하면 만사가 형통하다. **탈북미녀의 추억**

인민의 술, '농태기'에
통일 염원을 담다

오래전부터 경제난에 시달리는 북한 사회는 모든 것이 부족한 실정이다. 사람이 배가 불러야 인심이 나온다고, 국가에 식량(쌀, 옥수수 등)이 부족하니 그로 해서 많은 분야도 어려움을 겪는 것이다. 집단주의를 고집하는 북한 체제의 잘못된 경제시책이다.

1968년에 태어나 28년간 내가 살아본 평양생활을 추억해보면 그 곳은 식량은 물론 생활용품, 심지어 술·담배까지도 전부 국가에서 인민들에게 배급으로 공급한다. 1980년대 기준으로 담배는 한 달에 가장(남자)에 한에서 30갑이었고 술은 명절 때 1병이다.

당시 식당(음식점)에서도 간혹 술과 음식을 팔았는데 그것도 꼭 안내표(쿠폰)에 의해서 진행되었다. 수요자를 100으로 보면 수혜자는 고작 5~10 정도이다. 결국 안내표가 귀한 몸값을 가지게 되었고 자연스레 배급권자인 간부들의 세도징표가 되었다.

술은 예로부터 우리 민족이 빚고 사랑해오는 음식 중에 하나였는데 이시대 분단으로 인해 서로 다른 환경에 있다고 생각하면 다소 마음이 아프다. 2021년 6월 중순, 탈북민 사회 유일한 양조장인 김성희 하나도가 대표를 만나 술 만드는 이야기를 들었다.

- 자신을 소개해준다면.

1974년 함경북도 회령서 태어났다. 형제는 3남 1녀, 부친은 ○○공장 노동자, 모친은 주부였다. 1991년 고등학교를 졸업 후 체육특기생으로 조선인민군 제○○○군부대에 입대, 8년간 군사복무를 했다. 제대 후 함북 ○○병원 준의사로 배치 받았다. 참고로 북한에서 '준의사'와 '간호원'은 남한에서 '간호사'와 '간호조무사'이다.

- 병원체계를 말해 달라.

북한은 각 도, 시, 군(구역)에 종합(인민)병원이, 동(리)마다 진료소가 있다. 대신 개인병원이나 특정기업이 운영하는 종합병원은 전혀 없다. 모두 국가에서 일률적으로 운영하는 국영병원뿐이다.

- 근무한 인민병원의 상황은 어떤가.

우스갯소리로 "북한의 병원에는 의사만 있고 약은 없다"는 말이 있다. 1990년대 중반 이후 많은 제약공장이 가동을 멈췄으니 병원에 약이 없다. 대학졸업생 의사, 준의사(의학전문학교 졸업생)는 계속 생긴다. 환자는 병원으로 진단(처방)만 받으려 오는 실정이다.

- 구체적으로 설명해줄 수 있나.

구급 외과환자의 수술 전과 후, 환자가 사용할 소독용품을 비롯한 의료약품도 하나부터 열까지 환자 본인이 준비해야 한다. 입원환자의 경우도 마찬가지다. 일정기간 병원에 입원해서 본인이 먹고 사용할 식품과 생활용품은 전부 자체로 마련해야 한다.

- 약품 암 가격은 어느 정도인가.

당시 내 월급이 2,000원 가량이었다. 물론 제대로 받아본 적은 없지만. 병원의 구급환자에게 절실한 항생제는 장마당에서 페니실린 1병(주사 한 번 분량)이 150원, 암페실린은 200원 정도 하였다. 환자가 사와야 하는 것이다. 소독약, 붕대, 마스크 등 심지어 환자 숙소용 청소도구까지 모두 입원환자가 부담해야 한다.

- 간부와 백성 간의 차이가 심하겠다.

배부른 특권층인 간부들과 돈 있는 사람들은 아무 어려움 없이 병원을 이용하지만 돈 없는 노동자, 백성들은 중병이 발생해도 병원문 앞에도 못오는 딱한 처지이다. 특히 농민들이 그렇다. 그 귀한 옥수수와 쌀을 팔아서 주사약 몇 대를 구입해오는 농민도 있었다.

- 의사들은 어떤 방법으로 사는가.

국가에서 월급은 물론, 식량배급도 전혀 못주는 형국이니 모든 사람들이 개인이기주의를 하면서 살아간다. 의사들은 힘(권력) 있고 돈 많은 전주(부자)들에게 붙어서 소위 주치의가 되는 것이다. 정성껏 하는 처방은 물론이고 완치 후에도 돈독한 관계를 유지하며 산다. 그들에게서 받는 돈과 뇌물(생필품, 식량 등)이 만만치 않다.

- 그러면 준의사와 간호원들은.

약 장사를 한다. 장마당에서 중국산 약품을 도매가로 사서 입원 환자들에게 비싸게 파는 것이다. 환자들은 울며 겨자먹기로 산다. 간호원은 링거를 꽂고 주사를 놓거나 혈압을 재는 등의 일을 한다. 이것을 하면서 간단한 처방까지 할 수 있는 사람은 준의사이다.

- 심경 변화의 계기가 있었다면.

○○병원 근무 4년째 결혼했고 2년 뒤 남편은 사망했다. 어느 날, 내가 담당한 환자가 자기네 가족은 더 이상 고향땅에 미련이 없어 탈북하기로 했다며 나도 동행하지 않겠냐고 묻는 것이었다. 다음날, 고민 끝에 수락했다. 이유는 2살짜리 딸의 장래 때문이다. 내가 태어나 34년을 살아보았지만 정말 북한에는 희망이 조금도 없다.

- 서울에는 언제 왔는가.

2008년 가을, 2살짜리 딸을 업고 두만강을 건넜다. 군인의 총구를 뒤로 했으니 공포도 컸지만 그보다 사랑하는 가족이 있는 고향땅을 떠나야만 하는 그 슬픔이 더욱 컸다. 그것도 세상에 태어난 지 2년이 갓 넘은 아기와 함께 생사운명 길에 올랐으니 말이다. 중국, 베트남, 캄보디아를 거쳐 이듬해 3월 기필코 남한으로 왔다.

- 처음에 무슨 일을 하였나.

식당 주방보조 일을 3개월간 하였다. 이후 충청북도 음성군에 소재한 ○○자동차부품제조회사에서 현장검사원으로 근무했다. 나름 적성에 맞았으니 8년간 열심히 했고 표창도 많이 받았다.

- 양조 관련 공부는 어떻게 했는가.

회사 일을 하면서 세종사이버대학교(4년제)에서 경영학, 사회복지학을 복수전공으로 졸업했다. 또한 한국가양주연구소에서 운영하는 2년제 교육

과정을 매주 2일간씩 참여하여 수료했다. 밤 10시에 끝나면 운전하고 서울에서 음성까지 내려왔다. 두만강을 건너던 그날의 정신이 없었다면 아마도 쉽게 주저앉았을지도 모른다.

- 사업가로 변신한 계기가 있었나.

어느 날, 초등학생인 딸이 "엄마! 난 화가가 되고 싶은데 학원에 다니면 안 될까?" 하는 것이었다. 내가 남한에 온 이유가 세상에 하나뿐인 내 살붙이 딸을 남보다 잘 키우기 위해서이다. 사랑하는 딸아이의 꿈을 이뤄주기 위해 결국 창업 결심을 하게 되었다.

- 충분히 이해가 간다.

딸을 학원은 물론 대학까지 보내려면 내가 받는 월급으로는 도저히 어렵겠다는 판단이 들었다. 그래서 과감하게 직장생활을 접고 사업을 하게 되었다. 어쩌면 새로운 도전이고 시험장이었다.

- 양조업종을 선택한 이유는 뭔가.

경주 최 씨 외갓집의 제주(조상 제사상에 올리는 술)는 대대로 전해오는 가문의 내림주로 아무리 먹을 것이 없어도 제주를 빚을 쌀만큼은 꼭 두었다가 술을 빚는 가풍이 있었다. 거기에 술맛이 좋다고 소문이 난 우리 집은 가양주인 농태기(밀주)를 만들어 옥수수와 바꾸고 그것을 분쇄하여 옥수수밥을 지어 양식을 마련했다.

- 더 상세히 말해 달라.

밥 짓는 과정에 나오는 쌀앙금을 모아 다시 술 빚고 찌끼를 모아 돼지를 키워 육류를 팔아 돈을 마련해 자녀들을 키웠다. 어릴적부터 어머니를 도와 술 빚는 일을 자주했다. 참고로 '농태기'는 북한 말로 서민층인 농민들이 먹는 저렴한 술이란 뜻이다.

- 하나도가를 언제 만들었나.

2018년 11월, 충북 음성에서 설립하였다. 여러 탈북 선배 사업가들의 도움을 받았다. 통일전통주 제조업소 '하나도가' 이름의 뜻은 북한의 가양주 제조기술과 남한의 풍부한 재료의 만남으로 작은 병속에 통일을 염원하는 우리의 마음을 담아내는 전통주 제조업장이라는 깊은 의미를 담고 있다. 판매는 2019년 10월부터 실시하였다.

- 어떤 상품들이 있는가.

대표적으로 경주 최씨 가문의 내림주인 태좌주(전통주), 북한의 대표 서민주이며 순곡주인 증류식소주 농태기(가양주), 함경도식 막걸리인 함경도 감주가 있다. 태좌주는 충청북도 음성군의 맛있는 쌀과 맑은 물, 고추씨까지 더한 명주 중에 명주이다.

- '농태기'를 소개해 달라.

북한에 공식상표는 없고 인민들의 즐겨 부르는 술 이름, '농태기'는 내가 한국에서 최초로 상표등록을 했으니 통일에 기여한 셈이다(웃음). 천년초를 이용한 유산균엿, 분말, 국수 등을 생산하며 종목을 더 늘릴 계획이다. 설날·추석 같은 명절이면 통일명주인 농태기 세트, 천년초 국수와 엿이 든 선물세트 등이 출시된다.

- 함경도 감주는 어떤 술인가.

내 고향 북한 함경북도 회령 지역의 술 제조방식 그대로 100% 우리 쌀과 직접 재배한 천년초 열매를 첨가해서 수작업으로 빚은 막걸리이다. 참고로 북한서는 막걸리를 '탁주' 혹은 '감주'라고 한다. 천년초는 선인장의 일종으로 칼슘과 철분 등 무기질이 풍부하고 항산화 작용과 항암효과가 큰 약초식물이다. 조만간 과실주도 출시한다.

- 음주 문화로 본 남과 북은.

북한에서는 술자리를 한 번으로 끝내는 것이 기본이며 보통 가정집에서 가진다. 장점은 남자들이 외부 실수(음주사고)를 덜 하는 것, 단점은 안주거리 걱정으로 술상을 차리는 여자들의 고생이다.

- 그렇게 가부장적인가.

북한에서는 여자가 술상을 차리는 사람이지 술 마시는 사람이 아니다. 건강을 위해서는 한 번의 술자리로 끝내는 북한의 음주문화도 장점일 수 있다. 사람에게 건강보다 중요한 것은 없다.

- 추구하는 목표가 있다면.

남한에 먼저 온 통일인(탈북민)인 내가 북한의 전통주를 여기서 제조하고 있다는 것이 꿈같은 일이다. 술도 음식이며 희로애락을 담은 인생의 윤활유라고 본다. 입맛을 우선하는 남한의 음식문화와 원재료의 맛을 우선하는 내 고향의 음식문화를 깊이 알고 그 특성을 살려 더 좋은 음식, 더 건강한 술을 빚는 것이 나의 목표이다.

- 술에 대한 애정이 남다르다.

'농태기'에 통일의 꿈과 희망을 담았다. 어쩌면 맛있는 음식이 넘쳐나는 대한민국에서 제일 맛이 없는 술일 수 있고 촌스러운 술일지도 모르지만 그런 촌스러움을 사랑하고 좋아해주는 이들이 의외로 많다는 것에 다소 놀랐다. 자연을 사랑하는 그 마음까지 담은 술이기에 나는 고객들에게 알아서 구입하라고 한다(웃음).

- 요즘 탈북민들 취업이 힘든데.

인민들에게 국가가 강제적으로 직업을 배치해주는 사회주의 사회 북한과 달리 남한은 대부분 본인이 알아서 취업하는 자본주의 사회이다. 탈북민들이 중년 나이 30~40대에 남한에 와서 취업하기는 여기 사람보다 몇 배나 더 어렵다. 그만큼 노력해야 한다.

- 후배 구직 희망자들에게.

자기 적성에 맞는 일을 찾는 것이 우선이고 취업을 하면 최소한 5년, 10년 이상은 일해야 그 분야 전문가가 된다. 여기저기, 이 일 저 일 등 잦은 이직은 사회 정착에 별로 도움이 안 된다. 가급적 꾸준히 한 우물을 파는 것도 방법이다. 우리가 여기서 누구보다 열심히 살아남는 것만이 고향의 부모형제에게 효도하는 것이다. **탈북미녀의 추억**

김정은이 유럽의 스위스에서
무엇을 배웠는지

1945년 8월, 해방과 동시에 독재자 김일성에 의한 사회주의 체제가 수립된 북한 정권이다. 1970년대부터 아들 김정일과 함께 공동 정권을 이끌던 수령 김일성은 1994년 심근경색에 의한 심장마비로 사망했다. 이후 2대 수령 김정일이 2011년까지 통치했다.

김정일 사망(부친과 유사 병명) 후 지금까지 한 치의 오차도 없이 조상(김일성·김정일)이 설립하고 관리해온 북한 정권을 변함없이 이끄는 3대 수령 김정은이다. 근대 세계 정치사에 유례없이 자손 세습을 감행한 저주를 비난하는 세계 여론은 있으나 마나다.

그래도 과거보다 나아진 북한의 경제상황이라면 다소 괜찮을지도 모른다. 2011년 자동적으로 수령이 된 김정은을 보면서 "그나저나 유럽의 스위스에서 유학까지 한 젊은 지도자이니 뭔가 다르지 않겠는가" 하는 인민들의 절박한 마음이 있었던 것도 사실이다.

단지 수령의 아들이라는 이유로 20대 후반에 너무나도 쉽게 수령이 된 김정은이 통치하는 북한의 오늘은 참담한 현실 그 자체이다. 2020년 8월, 서울 시내 모처서 정치학 박사인 이지영 서울사이버대학교 미래융합인재학부 교수를 만나 마주 앉았다.

- 정치학 박사가 보는 김정은은.

1984년 1월 8일생의 김정은은 아버지 김정일, 어머니 고용희 사이 강원도 원산에서 태어났다. 그는 14살이 되던 1998년부터 2000년까지 '박운'이라는 가명으로, 유럽의 스위스 베른에서 '대사관 직원의 아들'이라는 위장신분으로 유학생활을 하였다. 거기서 분명 자유민주주의를 접했을 것이며 그 가치도 많이 이해했을 것으로 본다.

- 그런데 왜 독재자가 되었나.

핏줄(혈통) 때문이다. 2008년 8월, 갑작스런 뇌졸중을 앓은 부친(김정일)을 보좌하며 김정은이 깨달은 것은 '인민들 행복'이었다. 병들고 노쇠한 부친을 대신하여 뭔가 다르게 혁신하겠다는 의욕도 가졌었다. 그러나 웬걸. 그 자리에 오르면 "내가 언제?" 하는 마음이 저절로 생기는 것 같다. 절대독재자의 통치 스타일이 그렇다.

- 좀 더 자세히 말해 달라.

김정은을 포진한 간부 그룹이 문제이다. 김정은과 마찬가지로 그들도 북한의 개혁개방을 원치 않는 것이다. 김정은처럼 자신들도 자손대대 그 권력의 자리에서 내려오고 싶지 않은 것이다.

- 노동당 8차 대회가 열릴 예정이다.

원래 조선노동당 규약에는 당대회가 5년에 한 번씩 열기로 되어 있다. 다만 김일성 시대 말기와 김정일 시대에서는 그 규정이 잘 지켜지지 않았을 뿐이다. 3대 세습정권인 김정은 시대에서 노동당규약 본연으로 돌아가려는 모습이 일부 관측되고 있다.

- 어떻게 전망을 하는가.

내년(2021년) 1월 김정은은 '새해 신년사'를 하지 않고 당대회에서 2천만 인민과 세상이 놀랄 만한 경제정책대안을 제시할 것이다. 가칭 '조선국제연대식 경제발전계획'이라고 예단한다. 다시 말해 정치는 사회주의, 경제는 자본주의 방식인 중국과 베트남처럼 점진적인 북한식 개혁·개방 경제노선을 전격 채택할 수 있다고도 본다.

- 김정은에게 시장경제는 해롭지 않겠나.

과거 김일성·김정일은 시장경제를 '비사회주의 서식장', '자본주의 본거지'로 혐오했다. 현재 세계 모든 나라들이 저부터 살아야 한다는 '자국주의'를 한다. 북한만 국제사회서 외톨이로 살 수는 없다. 지난 10년간 통치에서 자신감을 가진 김정은은 적어도 '김정은주의'(독재)가 시장경제를 이길 거라 100% 자신할 것이다.

- 그 이유는 무엇인가.

북한에서 '금기'인 장마당이 40년 가까이 존재해도, 한류(남한 음악, 드라마, 영화 등)가 독버섯처럼 서식해도 체제는 건재하다. 3만 인민이 탈북했어도 북한 정권에 위협이 안 된다. 앞으로도 그럴 것이며 그만큼 체제 관리에는 확실히 자신하는 조선노동당이다.

- 북한의 개혁개방 몇 %로 확신하나.

그 사회서는 뭐든 무오류의 절대수령 김정은의 마음이다. 그가 개혁·개방을 하고 싶으면 하고, 말고 싶으면 만다. 지금껏 세계 각국의 독재자들이 그랬고 굳이 퍼센트로 보면 50:50이다.

- 고향이 어디인가.

1969년 7월, 함경북도 청진서 태어났다. 부친은 도(道)농촌경영위원회 처장, 모친은 도(道)전신전화국 초급당비서(당간부)였다. 1985년 김일성의 "국방영재 양성을 고등학교 때부터 철저히 하라"는 교시에 따라 도(道)에서 나를 포함 60명의 학생이 선별, 청진관해고등중학교에서 일요일마다 모여 1년간 특별수업(일요강좌)을 받았다.

- 여성으로 드문 군사복무를 했다.

영재교육을 마치기 전 도(道)군사동원부로 가서 인민군에 탄원 입대했다. 8개월간 신병·전문훈련을 마치고 조선인민군 제1반항공 및 비행전단(평남·개천 비행장)에서 정보기록수로 7년간 복무했다. 1994년 청진상업전문학교(2년)를 졸업, 승원소년단야영소 청년비서로 3년간 근무했다. 이후 청진공산대학(3년)에 입학했다.

- 북한의 공산대학을 말해 달라.

사회 각 분야의 당·행정 일군을 양성하는 정치전문대학이다. 정치를 '사람과의 사업'으로 규정하고 다양한 조건과 환경에서 지휘관(간부)의 판단 결정과 정확한 업무능력을 키워주는 것이다.

- 나름 철저한 리더십 교육 아닌가.

그렇다고도 볼 수 있다. 최악의 환경에서도 동요 없이 수령과 제도를 완벽하게 지키는 방법을 이론과 실기를 겸해 구체적으로 가르쳐 준다. 특히 인민 대중을 소탈하고 냉정한 모습으로 대하라고 하는데 이유는 대중 속에 반동도 있기 때문이랬다.

- 교과목은 어떤 것들이 있나.

김일성·김정일·김정숙 혁명역사, 철학, 당정책, 노작, 당(국가)건설학, 정치경제학, 재정경리학, 군사학, 공업(농업)경영학, 심리학, 기초과목(영어·한문·예술) 등이 있다. 자본주의 이론을 비교해서 공산주의 이론이 월등함을 주입시켜준다. 또한 당일군들은 대중 앞에서 선동연설을 잘해야 하기에 통솔·조직 및 구·필력을 심층 가르친다.

- 공산대학 입학 기준은 까다롭겠다.

도(道)급 기관과 단위서 근무 중인 당(행정)일군들, 수령접견 및 방침을 받은 사람, 호위국(수령 경호부대) 제대군관 등이 대상자다. 가족·친척의 이력검증은 기본이다. 또한 인민군복무, 노동당원, 2년제 이상 전문대졸업자, 3년 이상 조직책임자 경력자 등이다.

- 사회 경력을 말해 달라.

2000년 청진공산대학을 졸업하고 시농근맹위원회 선전선동부에 배치받고 이후 도여맹위원회 부원으로 근무했다. 전담업무는 하급단위의 체제유지 목적 사상지도, 선전선동, 충성의 노래모임, 문답식 경연, 연구실 검열, 해설강사 능력지도, 기량발표 등이다. 또한 시장으로 주민들 옷에 초상화(김일성 배지) 착용검열을 불시에 나갔다.

- 언제 인생의 갈림길에 섰는가.

남한 태생으로 의용군 출신인 부친이 어느 날 TV로 '남북이산가족상봉'을 보다가 문득 "나도 죽기 전에 내 고향 남조선에 있는 가족들을 만나고 싶다"는 말씀을 하셨다. 마음이 찢어지는 심정이었다.

- 그래서 어떻게 하였는가.

언젠가 북·중국경지대인 회령시로 출장을 나갔다가 우연히 지역 주민인 탈북 브로커 A씨를 알게 되었고 그에게 부친의 남한 친척을 찾아봐 달라는 부탁을 조용히 했다. '아버지'이냐? '노동당'이냐? 하는 고뇌와 갈등 속에 결국은 '아버지'를 선택한 것이다.

- 이후 어떤 행동을 하였나.

2004년 3월 브로커의 안내로 중국·연길에 가서 친척을 만났고, 5월 말 간첩 혐의로 보위사령부에 체포되었다. 이미 1년 전에 탈북 브로커와 내통해 보위부 조사를 받은 나였으나 기관간부와 동료들의 청원으로 감형을 받았다. 원래 5년 형기인데 2년을 받고 인민무력부 25총국 산하 성흥광산(금·생산)서 무보수 노동을 했다.

- 남한으로 언제 왔는가.

2007년 재탈북, 바로 북송되어 1년간 감옥에서 북송(탈북)자들을 보며 고민을 많이 했다. 나는 아버지 친척을 찾으려고 그랬다지만 인민들은 왜 탈북할까. 그때 비로소 내가 인민들에게 열심히 선동하며 충성했던 노동당에 커다란 배신감을 느꼈다. 2009년 4월, 다시 탈북하여 연길-심양-청도-곤명-태국을 거쳐 6월 대한민국으로 입국했다.

- 박사학위는 언제 취득했나.

2011년 2월, 국제직업전문학교 행정지원팀에 입사했다. 서울사이버대학교(4년)와 대학원(2.5년)서 사회복지석사학위(논문: '탈북 어머니의 정신질환을 가진 탈북 청소년 돌봄 경험에 대한 근거이론연구')를, 경기대학교 정치전문대학원(3년)서 정치학박사학위(논문: '북한이탈 주민의 취업과 적응에 관한 연구')를 올해(2020년) 2월에 취득했다.

- 현재 재직 중인 서울사이버대학교는.

지난 2000년 12월에 개교한 서울특별시 강북구에 소재한 '서울사이버 대학교'는 국내 최초, 국가대표 사이버대학이다. 24시간 원격지원 시스템, 원스톱 학생서비스센터는 우리 대학만의 특징이다. 우수한 교수진과 수소 정예의 질 높은 교육을 한껏 자랑하는 휴먼서비스 대학원과 상담심리 대학원을 통해 석사학위 과정을 제공하고 있다.

- 어떤 과목이 있는가.

온라인종합대학인 '서울사이버대학교' 안에 사회복지대학, 융합경영대학 등 7개의 대학에 상담심리학과, 부동산학과 등 29개의 학과가 있다. 올해 2월 기준 졸업생(학사)은 모두 36,885명이며 그중 대학원생(석사)은 757명이다. 지난 10년간 서울사이버대학교를 졸업한 탈북민은 대략 6~700명이고 현재 150명이 재학 중이다.

- 이 교수가 지향하는 수업 목표는.

내가 가르치는 학생들에게 남북관계에 있어서 협력대상인 동시에 경계대상인 북한 사회를 보다 객관, 보편적으로 이해할 수 있는 기회를 제공한다. 1당지도체제인 북한 사회의 정치, 경제, 사회, 군사, 문화 등 다양한 분야를 주·시기별로 나눠 심층분석한다.

- 뛰어난 교육 지도력이다.

북한을 공존공영의 상대로 인식하고 상호간 대결과 갈등을 극복할 수 있는 안목을 학생들에게 주입시키는 것이 수업목표이고 방식이다. 또한 미래지향적인 통일관, 건전한 안보관, 균형있는 북한관을 갖춘 북한전문가, 통일지도자 양성에 적극 힘쓴다.

- 감사한 분이 있다면.

평안북도 의주 태생의 실향민인 이세웅 '서울사이버대학교' 명예이사장님이다. 통일 후 고향에 '신의주사이버대학교'를 세우는 것이 평생의 꿈이며 탈북민들의 남한 정착에 매우 관심이 많다. 2011년 북에 남겨진 내 딸을 데려올 때 브로커 비용으로 선뜻 후원금을 내주셨고 딸이 서울에서 대학 공부할 때도 해마다 장학금까지 주셨다.

- 김정은에게 하고 싶은 말은.

일국의 지도자이면 무엇보다 자국민 생활 실정부터 살펴봐야 한다. 당신이 세습 집권한 지 벌써 10년이 되었다. 보다시피 여전히 인민들은 모진 굶주림과 추위에 떨고 있으며 거기에 핵개발과 미사일 발사 중단 선언이 없으니 남한과 국제사회가 실망하고 있다. 부디 인민의 행복을 위해 노심초사하는 지도자가 되기를 바란다. **탈북미녀의 추억**

자폭(자살)으로
정신 무장한 비행사들

땅에 나서 하늘에 사는 우리는 비행사라네

정다운 집 여기 없어도 하늘 떠나 우리 못 살리

출격 출격 명령이 내려 푸른 하늘로 높이 날을 때

조국을 지키는 하늘의 방패 우리가 되리…

북한군 공군 가요의 한 구절이다.

비록 강제적이지만 북한 군인들이 당국으로부터 받는 사상교육은 철저하고 대단하다. 어떤 상황에서도 당과 수령(대통령)을 결사 옹위하는 투철한 신념이고 적과의 대전에서 자폭정신이다.

특히 공군이 그렇다. 위 노래가사가 주제가인 영화도 있다. 내용은 6·25 전쟁 때 인천해상에서 인민군 공군 비행대가 "우리를 기다리지 말라"며 적진에 돌입, 자폭으로 임무를 수행하는 것이다.

지금은 '김정은 비행대'로 불리는 북한의 인민군 공군 비행사들이다. 지난 2020년 5월, 과거 북한에서 조선인민군 공군 중대장이었던 박희순 씨를 강원도 춘천의 모처서 만났다.

- 자신을 소개해 달라.

1974년 3월, 강원도 원산서 태어났다. 형제는 4남매 중 둘째였고 부친은 강원도 림업관리국 계획과장, 모친은 ○○악기공장 부기장이었다. 1990년 5월, 원산산재여자고등중학교를 인민군대 초모가 4~5월에 있어 조기에 졸업했다. 당시 인민군 입대는 봄·가을로 나눠 실시했는데 전체 입대자 중 70~80%가 봄에 하였다.

- 어떻게 공군부대에 입대했나.

해마다 봄 초모시기에 먼저 뽑는 특수병종은 호위사령부, 공군, 정찰부대 등이다. 장령(장군)이 참여한 공군 입대 초모에 우리 학교서는 250명 졸업생 중 나를 포함해 3명, 원산시에서는 100명이 선발되었다. 공군 입대자에게서 가장 중요하고 철저히 보는 선별기준은 출신 성분, 외모 및 체력, 도덕품성(인성) 순이다.

- 가족 신분 특별히 살피지 않는가.

출신 성분은 사돈의 8촌 안에 정치범은 물론, 경제범도 없어야 한다. 고등학교 학업성적은 낙제만 아니면 되고 생활 평정서는 좋아야 한다. 당과 수령에 대한 절대적 충성심이 기본이다.

- 신병훈련은 어디서 받았는가.

1990년 봄, 강원도 군사동원부에 최종 올라간 공군초모 합격자는 나를 포함 30명이었다. 수백 대 일의 경쟁을 뚫고 푸른색 연장(계급장)의 공군 군복을 입었다. 조선인민군 공군사령부 제3전단(지금은 사단)에서 6개월간 강도 높은 신병훈련을 받았다.

- 배치 받아 소속된 부대는.

공군사령부 3사단 통신결속소(대대급) 기록중대에 배치 받았다. 하늘의 모든 비행기는 관제 레이더가 따라 움직이며 그 상황을 관제소의 탐지기수가 즉시 송출해주면 통신결속소에서 기록수들이 군사용 암호나 숫자로 비밀일지에 기록해둔다. 참고로 통신결속소에는 타자수, 교환수, 기록수, 유선수, 무선수 등이 있다.

- 어떤 군관(장교)학교를 다녔는가.

전투기 기록수를 4년간 했고 이후 평양시 만경대구역에 소재한 '조선인민군여성지휘관학교'(2년제)에 입학했다. 참고로 평양시 력포구역에는 '조선인민군여성정치군관학교'가 있는데 북한군에서 여성장교 학교는 이 2개가 전부다. 모두 무력부 교육국 소속이다.

- 이후 승진한 계급은.

1996년 3월에 군관학교를 졸업하며 소위 계급을 받고 공군사령부 직속 80여단 기록중대 소대장으로 배치를 받았다. 1998년 조선인민군 제59추격비행연대(원산갈마비행장) 기록중대 부중대장으로, 2년 뒤 중대장으로 진급했다. 보통 평균적인 승진이다.

- '비행사 식당'의 수준을 알려 달라.

북한 공군부대에는 3종류 식당이 있다. 최고 식당은 '비행사 식당'으로 전투기 조종사들만 출입한다. 일주일 내내 소, 돼지, 닭고기 요리가 나온다. 다음은 종합식당인데 여기서 2개 방으로 나뉜다. 하나는 장령(간부) 식당이고 다른 하나는 일반군인 식당이다. 비행사 식당 수준이 100이면 장령은 70, 일반은 30정도이다.

- 다른 군인 물자 배급품은 뭔가.

비행사 가족이 받는 식료품은 모두 평양에서 특별히 내려오는 일명 8호 제품이다. 이는 북한 전역에서 금수산의사당(주석궁)에 진상품으로 올린 최고의 식품이며 농토산물, 수산물 등이다.

- 공산품은 어떤 것이 있나.

해마다 김일성 생일(4월 15일), 김정일 생일(2월 16일), 조선인민군 창건일(4월 25일) 등 국가 명절이면 평양에서 공업품이 선물로 내려온다. 주로 양복지, 남녀 속옷, 구두, 여행가방, 화장품, 양말 등인데 대부분 중국산 제품이다. 북한제보다 질이 좋다.

- 최고의 '비행사 대우'의 비밀은.

북한군 전투기 조종사 중에 러시아 군사학교 유학생 출신이 많다. 이유는 북한군이 보유한 전투기 100%가 러시아제이기 때문이다. 과거에는 중국산 전투기도 있었으나 월남전(베트남전쟁) 이후 모두 폐기되었다. 나랏돈으로 키운 인재이고 특별한 상황에서 위험한 존재들이기에 그에 대한 대우를 높이해 주는 것이다.

- 그 '특별한 상황'은 무엇인가.

어떤 비행기 조종사도 마음먹기에 따라 적국(남한)이나 제3국으로 얼마든지 쉽게 귀순할 수 있다. 그러면 비싼 비행기도 배행기이지만 그보다는 적군에 철저한 비밀인 아군의 비행군사정보와 시스템이 통째로 넘어가는 것이다. 엄청난 손해이다.

- 충분히 그럴 만하겠다.

또한 전투기는 하늘을 날으는 '무서운 포탄'으로 조종사가 사상이 바껴 마음만 먹으면 언제든지 노동당 청사로 자폭공격을 할 수도 있다. 그러면 인민들에게 끼치는 영향과 정권이 입는 정치적 손해는 막심할 것이다. 비행사들은 반드시 2일 생활총화를 한다.

- 유난히 기억되는 일은 뭔가.

1992년 12월 23일, 인민군 공군사령부 59추격비행연대(원산갈마비행장)에서 있었던 일이다. 739호 전투기 길영조 조종사가 비행훈련 중 고장 난 비행기에서 탈출하라는 관제소의 명령을 거부하고 비행기와 함께 원산 앞바다에 추락해 전사했다. 만약 그가 탈출했다면 비행기는 원산의 김일성 동상에 추락했을 수도 있었다.

- 상부의 명령을 거부하지 않았나.

현실은 영화나 소설과 전혀 다르다. 만약 조종사가 비상상황에서 탈출해 살았고 비행기 추락으로 도시의 김일성 동상이나 혁명사적관이 파괴되었다면 이는 최고반역에 해당하는 특대형 사고이다. 북한의 모든 기관(회사)과 가정에도 수령의 초상화가 있다.

- 사고친 비행사 처벌은.

비행기 사고에서 생존한 조종사는 경우에 따라 철직제대 혹은 '정치범 수용소'에 보내진다. 대우도 최고, 처벌도 최고로 주는 것이다. 당국이 비행사에게 하는 자폭정신 강요는 추락하는 비행기와 함께 조종사도 죽으라는 소리이다. 그것은 절대명령이다.

- 전사한 비행사는 어떤 예우를 받는가.

우선 공화국영웅 혹은 전사영예훈장1급이 수여된다. 전사자의 아내가 정조를 지키고 재혼하지 않으면 자식들은 평양의 '만경대혁명학원'에 보내진다. 본인이 받던 100% 대우(식량 및 생필품)를 60%까지 가족이 종신토록 받는다. 만약 전사자가 미혼이면 부모가 받는다. TV, 냉장고, 양복지, 식료품, 보약 등이 선물로 내려온다.

- 공군에서 왜 비행기 사고가 잦나.

러시아에서 들어오는 전투기는 전부 10년 이상씩 사용한 중고품이다. 아마 새것을 사오려면 돈이 많아야 하는데 그렇지 못한 사정도 있는 것 같다. 그러다보니 자연히 사고가 잦다.

- 특이한 점은 무엇인가.

정기적으로 러시아에서 갓 수입해온 전투기 30~40대는 대략 10년간 평양 방호 목적에 사용된다. 그만큼 북한군이 적군(남한)과 대치작전에서 항상 노동당 수뇌부 방호를 우선 한다는 것이다.

- 제대는 언제 하였나.

2002년 7월에 제대했고 9월에 비행사와 결혼했다. 남편은 이듬해 12월 동기훈련기간 비행기 사고로 바다에 추락하며 전사했다. 이후 원산시상업관리소 2부취급원(출판물, 연구실 관리책임 등)으로 배치 받았다. 배급·월급도 없는 직장 일은 정말 싫었고 2005년부터 2년간 동사무소에 재적을 두고 천(옷감) 장사를 했다.

- 탈북하게 된 계기가 있었다면.

혜산서 원산으로 천을 가져다가 팔던 장사꾼(도매상인) 여성이 어느 날 자기와 함께 중국에 가면 하루에 중국돈 100원도 벌 수 있다는 말에 눈이 번쩍 띄었다. 북한 돈 10만 원 해당하는 거금이니 말이다. 그녀와 함께 압록강을 건넌 것은 2007년 10월이었다.

- 언제 서울로 왔는가.

중국에서 인신매매범에게 붙잡혀 산동성 고미시로 갔다. 2일 만에 극적으로 도망쳐 산속에서 11일간 보냈다. 이후 은인의 도움으로 청도의 회사에서 일했고 2009년 7월, 한국으로 왔다.

- 초기 남한 생활은 만족했는가.

강원도 원주로 주거지를 배정 받았다. 내가 아무리 북한에서 한동안 만인이 부러워하는 비행사의 아내로서 호강을 했다고 해도 여기 남한에 비하면 보잘 것 없다. 북한에서 비행사 가족이 부러울 것 없이 잘 먹고 잘 입는다고 해도 엄연히 노동당에서 배급해주는 것 외에는 전혀 없다. 공급이 끊기면 일반주민들 즉 거지나 똑같다.

- 쉽게 비교해 준다면.

여기 남한에는 북한 비행사들이 매주, 매월 단위로 공급받는 식품과 공업품(생활용품)이 동네슈퍼마다 차고 넘친다. 누구든 아무 때든 돈만 내고 자기가 원하는 식료품과 물건을 양껏 구입할 수 있다. 돼지, 소, 닭고기가 1년 내내 정육점에 넘쳐 있더라.

- 그러면 남조선이 인민의 낙원이다.

정확히 맞는 소리이다. 더 좋은 것은 자유가 있다는 점이다. 남한 땅 어디든지, 심지어 외국도 자기가 원할 때 아무 때든 여행으로 다녀올 수 있다. 일반 국민에게 차려진 이런 자유는 북한에서 비행사에게는 물론 인민무력상(국방장관)이나 총리에게도 없다.

- 현재 하고 있는 일은.

처음 3년간 자동차 부품 회사를 다녔다. 2013년 지인의 소개로 강원도 토박이 남편을 만나 현재까지 열심히 농업에 종사하고 있다. 염소 500마리를 키우며 2,500평 밭에 300그루의 복숭아 농사를 한다. 벌써 9년째 이 일을 하는데 한번도 '싫다!'고 생각한 적 없으며 항상 즐겁다. 요즘 한 달 매출은 평균 700~800만 원이다.

- 새내기 탈북민들에게 할 말은 뭔가.

북한 도시 태생으로 남한 농촌생활을 하는 내 경우를 봐도 꼭 도시생활만 고집할 필요는 없다. 요즘은 정부에서 귀농 정착금까지 지원해준다. 도시에서 얼마 안 되는 생계비에 연연하지 말고 건강한 사람은 과감하게 농촌으로 와서 제2의 인생을 사는 것도 해볼 만하다. 자본주의 사회는 뭐니 뭐니 해도 머니(돈)가 최고다. **탈북미녀의 추억**

은혜로운 삶을 주신
고마운 품

1945년 8월, 일제 식민지에서 해방과 동시에 분단을 맞은 남북은 서로 다른 정치 사회 체제를 세우고 지금껏 유지하고 있다. 남한은 미국식 자유민주주의, 북한은 소련(러시아)식 수령 독재 체제이다. 남한 국회에 해당하는 북한의 정치기관은 '최고인민회의'다.

북한의 인구는 대략 2천 5백만 명이고 최고인민회의 대의원(국회의원)은 700명에 가깝다. 5천만 국민에 국회의원이 300명인 남한과 비교하면 정반대의 숫자이며 엄청나게 비정상이다. 영토는 남한보다 북한이 좀 더 크며 지하자원이 매우 풍부하다.

지난 2019년 3월에 있은 최고인민회의 제14기 대의원선거에서 이변이 있었다. 바로 수령(최고지도자)인 김정은의 이름이 당선자 명단에 없는 것으로 이는 북한 선거 역사상 초유의 일이다. 군이 대의원 직함이 아니라도 더 높은 직함이 많은 북한의 수령이다.

북한의 최고인민회의는 헌법상 국가최고 주권기관으로 인민과 헌법 위에 있으며 수령을 절대 추인하는 역할을 하는 기구다. 2019년 3월, 서울 동작구 모처서 과거 북한 생활시절에 최고인민회의 제5~8기 대의원을 역임한 김화순 여사를 만났다.

- 자신을 소개해 달라.

일제시기 할아버지가 황해도 재령, 신천, 남우리벌의 대지주였다. 아버지는 일본 동경(도쿄)서 유학을 마치고 귀국하여 서울에 정착하였다. 1949년 3월, 내가 서울서 태어났다. 이듬해 3월 부모님은 내 돌잔치를 할아버지 집에서 차려주었고 나를 두고 가면 잘 키워주겠다는 할머니의 말씀을 따랐다. 3개월 뒤에 전쟁이 발발했다.

- 할아버지의 모습이 궁금하다.

해방 후 할아버지는 가진 토지와 재산을 전부 공산당에 헌납하였다. 그 덕에 할아버지, 할머니가 노동당원이 되었다. 당시 항일빨치산 출신 간부가 황해도 지역에 파견원으로 내려왔는데 우리 집에서 하숙을 했다. 그와 큰고모가 연애를 했고 결혼까지 했다. 그러니 우리 가문은 하루아침에 항일빨치산 가문이 되었다.

- 고모부는 무슨 직책이었나.

1948년 2월 8일, 창건된 북한군에서 초대 항공사령관이 되었다. 이후 순안비행장에서 반동들에게 암살, 전사자가 되었다. 김일성이 고모를 저택 관리사(검석원)로 함께 있자고 불렀다.

- 어린시절 추억은.

김일성의 교시에 따라 평양에 올라왔다. 하루아침 시집 잘 가서 출세한 고모 덕에 1957~63년까지 평양의 남산인민학교와 고급중학교에 다녔다. 당시 내 별명이 '맹렬이'였고 김경희(김정은의 고모)와 단짝친구로 김정일(김경희의 오빠, 김정은의 부친)과도 친했다.

- 본인 학력을 말해 달라.

1963년 9월, 원산경제대학에 입학했다. 입학생은 전국 각지에서 선발된 500명, 그중 여학생은 나를 포함해 5명이었다. 재학 중 18살 때 화선입당(1년간의 후보당원 자격을 거치지 않고 곧바로 정당원이 되는 것)을 하였고 1968년 8월에 졸업했다. 이후 평양으로 올라와 1년간 김일성종합대학 정치경제학부에서 특별강습교육을 받았다.

- 어디로 배치를 받았는가.

당시 원산경제대학 교수는 대부분 일본서 공부한 지식인들이었다. 당국은 우수 졸업생들에게 선별교육을 주고 본 대학 교수로 임명했다. 나는 특정경력 때문에 부결되었고 함경북도 소재 '조선34화학건설연합기업소' 재정과장에 임명되었다. 당시 지배인이 전문화(남), 김일성의 동료 항일투사 전문섭의 막냇동생이었다.

- 조선34화학건설연합기업소는.

북한 굴지의 화학, 비닐론, 섬유공장 등을 건설하는 전문대형 건설회사다. 재정과장은 미화 수백만 달러를 만지는 중요 직책이어서 평양의 중앙당비서처 비준 및 관리 대상이다. 나는 연평균 예산 15~20%를 절약해 국가에 바쳤으니 많은 훈장과 메달을 받았다.

- 김일성은 언제 접견하였는가.

1969년 여름, 승리화학공장 준공식장에 김일성이 김정일과 함께 현지지도(시찰)를 나왔다. 참고로 김정일은 1964년 6월, 김일성종합대학을 졸업하고 부친(김일성)이 "아랫단위서부터 차근차근 일을 배우며 올라오라"는 교시에 따라 평안남도 강서군당 조직부장에 재적을 두고 실제는 김일성의 현지 지도에 많이 동행했다.

- 마음이 크게 떨렸겠다.

관계자한데 내가 알뜰한 '처녀재정일군'이란 보고를 받은 김일성이 놀랐고 김정일이 "수령님! 김화순 동무는 ○○○동무(고모)의 조카입니다"고 보고드렸다. 순간 김일성의 안색이 환해졌다.

- 그날 처음 김일성을 뵈었나.

아니다. 평양에서 김경희와 여고시절 김일성 저택에서 뛰어놀 때 자주 뵈었다. 허나 공식석상에서 만나기는 그날이 처음이다. 참고로 김경희는 장성택과 결혼하기 전에 다른 유부남과 눈 맞아 딸 둘을 낳았었다. 북한에서는 수령인 김일성과 김정일을 15분 이상 만난 사람에게만 '접견자'로 규정하는 노동당 내부 규칙이 있다.

- 대의원(국회의원)은 언제 되었는가.

2시간 이상 점심식사를 겸한 환담을 마친 김일성은 "당에서 김화순 동무를 잘 키우도록 하시오"라는 교시를 했다. 북한의 대의원은 전부 당에서 특정인을 지명해 뽑는다. 굳이 비교하면 남한의 비례대표와 비슷하다. 나는 1972년 12월에 열린 최고인민회의 제5기 대의원선거에서 화학공장 건설 분야에서 선출되었다.

- 최연소 대의원이 아닌가.

그렇다. 당시 최고인민회의 5기 대의원은 541명이었고 나는 24살이었다. 전체 대의원 중 70%는 중앙당 및 내각의 고위간부들, 도급기관장들 나머지 30%는 인민경제 각 분야 대표들이다. 군당책임비서(남한의 군수)도 대의원이 아닌 경우가 있다. 당시 함경북도에는 나를 포함한 30명의 최고인민회의 대의원이 있었다.

- 한국의 국회의원과 비교한다면.

남한의 국회의원과 달리 북한의 대의원은 평양 만수대의사당(국회의사당)에 대의원 사무실과 자기 지역 사무실이 전혀 없다. 대의원에게 붙는 보좌관이나 비서도 없으며 관용차도 없다.

- 어떤 활동을 하는가.

최고인민회의 대의원은 정부(노동당)의 결정에 따라 특정 시기 평양에서 열리는 대의원회의(남한의 국회 본회)에 참석하는 것이 전부이다. 정부 정책에 관한 수령의 결정에 정당성을 보여주기 위해 '인민의 대표'라는 대의원들이 손을 들어 지지하는 것이다.

- 대의원의 특권이 있다면.

북한의 대의원은 모두 직업이 있는 사람들이며 대의원 수당이 따로 없다. 어쩌면 명예직이나 마찬가지다. '대의원증'을 보이면 기차, 여객선, 버스 등 대중교통은 무료다. 대의원은 자신의 판단으로 군안전부장의 계급장(좌급 군사칭호)을 뗄 수 있는 권한이 있다. 외화상점에서 파는 상품도 내화로 구매할 수 있었다.

- 노동당은 간부들에게 선물을 잘 준다.

수령의 선물에는 부류별로 여러 종류가 있다. 항일투사(김일성의 항일 빨치산 동료)가 받는 선물이 좀 더 크고 고급스럽다. 최고인민회의 대의원이 받는 선물은 보통 식료품, 옷감 등이다.

- 주로 무슨 날에 받는가.

당·국가사업지도(통치)에 필요한 선물정치는 김정일이 만들었다. 당자금(국가예산)으로 '당중앙'(김정일) 명의의 선물을 돌리기 시작한 것이 1972년 4월부터다. 새해 첫날, 김일성 생일, 조국해방 기념일, 공화국 창건일, 당 창건일 등 명절 때마다 받았다.

- 다른 경력은 어떤 것이 있나.

2001년 1월부터 황해북도 인민위원회 무역국장 직무를 수행했다. 도(道) 인민위원회를 대표하여 중국 무역을 하는데 품목은 약초, 잣, 누에고치, 철광 등 다양하다. 상부에서 중국 출장 허가는 국장 월 3회, 과장 2회, 지도원 1회만 승인한다. 중국을 제집 드나들 듯하며 열심히 일한 이유는 고질적인 인민들의 식량문제 해결을 위해서였다.

- 언제 심경변화를 느꼈는가.

경제자본주의 국가인 중국을 10년 가까이 드나들면서도 사상동요는 없었다. 그만큼 노동당 출실성이 강했으니까(웃음). 그런데 정작 다른 데서 생겼다. 2008년 1월, 보위사령부가 전국서 돈 좀 벌었다는 무역일꾼 180명을 긴급으로 평양에 불러들였다.

- 그리고 어떻게 하였나.

버스에 태워 전국의 텅 빈 국가예비물자 창고를 보여주었다. 반성문을 썼고 이후 하나둘씩 없어진 무역일군들이다. 한 달간 모두 32명이 숙청되었고 때로는 대중 앞에서 공개총살했다.

- 갈등과 고민을 많이 했겠다.

심장이 멎고 머리가 터질 듯했다. 무역일군들이 일을 하다가 개인적으로 크든 작든 외화를 다소 착복하는 경우는 허다하다. 어찌 보면 그것도 국가와 사회의 장래가 어두우니 자기와 가족의 미래 경제생활을 위해 준비하는 것이다. 그렇다고 그것이 부모님이 주신 소중한 육체적 생명을 죽일 만큼 중대범죄는 아니지 않는가.

- 남한에 언제 오게 되었는가.

2009년 9월, 업무출장 차 중국에 나왔다. 출국 전 두 딸과 사위, 손자에게 두만강 접경 지역으로 오라고 비밀리에 부탁했다. 다행히 자식들은 그렇게 했고 브로커의 은밀한 도움으로 무사히 탈북을 하였다. 그해 11월 17일, 온 가족이 재회하여 심양, 곤명, 라오스, 태국을 거쳐 12월 30일 꿈에도 그리던 대한민국에 입국하였다.

- 서울 생활 초기 어떻게 보냈나.

나이 60세인 여성이 생소한 땅 남한에 와서 무엇을 하겠는가? 불행하게도 질병을 앓는 작은딸을 2년간 간호하다 보니 세월이 빨리도 지나더라. 한편으로 가끔은 특정기관, 학교, 민방위교육장 등으로 안보강연을 나가기도 한다. 장성택 처형(2013년 12월) 이후 여러 종편 TV에 출연하여 북한 실상을 증언 및 해설하고 있다.

- 현재 가족의 현황은.

한국에 온 큰딸의 세 자식은 모두 북한에서 질병과 사고로 죽었다. 남한에 와서 2년 만에 질병치료 도중 의료사고로 죽은 작은딸의 아들인 외손자가 이번에 서울숭실대학교에 입학했다.

- 바라는 것은 무엇인가.

어쩌면 우리 집안의 유일한 후손이다. 10살까지 살았던 북한에서도, 이후 한국에 와서도 공부를 무척이나 잘했다. 이 애가 앞으로 꼭 잘 되었으면 한다. 미국에 가서 공부도 하고 통일한국에 반드시 기여하는 멋진 인재로 자랐으면 하는 간절한 바람이다.

- 감사의 마음을 표현하면.

북한에서 18년간 최고인민회의 대의원으로, '인민의 딸'로 당과 수령께 끝없이 충성했지만 남은 것은 없다. 동서고금을 막론하고 국민은 지도자를 잘 만나야 한다. 북한서 60년, 남한서 10년 살았다. 곡절 많은 인생의 고목에도 자유를 마음껏 누릴 수 있게 은혜로운 삶을 주신 고마운 품, 대한민국에 진심으로 감사하다. **탈북미녀의 추억**

3천 명 전통무용 제자
양성이 꿈이다

희로애락의 춤과 노래로 인간의 마음과 생각을 표현하는 사람이 아름다운 선율과 무용에 담는 선악의 내용은 천차만별이다. 음악에는 어딘가 사람의 정신을 다소 홀리는 마법같은 힘이 있다. 북한에서는 노동당이 문화예술활동을 직접 장악 통제한다.

지난 1970년대부터 북한 2대 수령 김정일이 정치를 하며 전담한 분야는 영화·음악·가극 등 문화예술부문이다. 이 시기부터 창작된 음악·무용에는 사상적 색채가 짙게 배였고 대표적으로 〈꽃파는 처녀〉, 〈피바다〉, 〈한 자위단원의 운명〉 등 혁명가극이 있었다.

가극뿐 아니라 혁명영화도 있다. 〈조선의 별〉, 〈민족의 태양〉 등 주로 김일성 대역 출연 영화이다. 인간의 감성영역인 순수한 문화예술도 체제관리와 유지에 극도로 활용하는 노동당이다. 오매불망 통일이 오면 이 부분 개조도 분명 노력을 기울여야 할 것이다.

후대들을 위해서 꼭 넘어야 할 산임은 분명 틀림없다. 그 험준한 령을 지금부터 차근차근 넘는 자랑스러운 주인공은 바로 탈북 예술인들이다. 2019년 10월, 서울 영등포구 모처에 있는 '최신아무용연구소'를 찾아 최신아 원장을 만나 이야기를 나누었다.

- **고향이 어디인가.**

　1969년 7월, 평양서 태어났고 형제는 6남매 중 막내였다. 부모님은 중앙의 유명한 예술인부부이었고 아버지의 직무조동차 1982년 9월, 청진으로 이사했다. 인민학교 1학년 때는 배구를 했고 4학년부터 무용을 시작했다. 1985년 8월, 청진예술대학 무용학과를 졸업하고 함경북도예술단 무용배우로 배치 받아 활동했다.

- **함경북도예술단을 말해준다면.**

　도당 선전선동부 소속으로 인원은 200여 명 정도이다. 전용극장은 500석 규모의 '함경북도예술극장'이다. 성악, 기악, 무용, 화술 배우가 180명가량이고 나머지는 행정, 기술 종사자들이다.

- **공연은 보통 언제 하는가.**

　극장에서 정식공연은 주로 김일성 생일(4월 15일), 김정일 생일(2월 16일), 당창건 기념일(10월 10일), 공화국창건 기념일(9월 9일) 등 국가적 명절에 특별히 크게 진행한다. 그 외에는 함경북도 안의 주요 인민경제 부문 등 여러 단위로 현장 이동공연을 나간다.

- **특별공연은 대체 어떤 것인가.**

　해마다 김일성 혹은 김정일 생일에 맞춰 평양에서 거창히 진행하는 '전국예술인들의 종합공연'이다. 인민문화궁전, 평양대극장, 청년중앙문화회관 등 평양의 대형극장에서 성황리에 열린다. 참가 단위는 지방의 8개 도(道)예술단과 철도성, 보건성, 무역성을 비롯한 중앙기관 예술단체 등 모두 14~16개의 전문예술단이다.

- 경쟁이 치열하겠다.

'전국예술인들의 종합공연' 참가 연습은 평양에 모여 6개월 전부터 진행한다. 보통 하루 8시간 이상의 연습을 한다. 3개월 전에는 각 예술단에서 출품한 작품으로 경합을 한다. 여기서 당선된 종목만 남고 나머지 종목의 출연자는 자기 단위로 되돌아간다. 당선된 종목은 3개월간 연습 끝에 본 공연무대에 오르게 된다.

- 배우도 등급이 있는가.

1급은 인민배우, 2급은 공훈배우, 3급은 경력(고참) 배우이며 4급, 5급, 6급까지 있다. 예술단에 처음 입직하면 무급배우로 시작하여 3년 뒤 시험을 보고 6급을 취득할 수 있다. 매 급수 시험은 2년에 한 번씩 이론·실기 시험을 엄격하게 보며 점수가 낮으면 등급이 오르지 못한다. 그만큼 치열한 경쟁 속에서 배우생활을 하는 것이다.

- 예술인 특별우대 공급은.

1년에 한 번씩 고급옷감이나 계절별 다양한 의류, 분기마다 고급화장품 등을 공급 받는다. 매달 옥수수기름(식용유), 돼지고기, 수산물, 과일 등을 풍족하게는 아니지만 일정 분량씩 특히 무용수들에 한에서는 매주 오리고기를 2회 이상 배급 받았다.

- 일반 주민들은 꿈도 못 꿀 일이 아닌가.

그렇다고 볼 수 있다. 또한 특정 시기마다 공연연습 도중 휴식시간에 사탕, 과자, 빵, 음료수 등이 간식으로 나왔다. 1980년대 기준이다. 그러나 1990년대 들어서며 이러한 물자(식품·공산품)공급이 모두 없어지고 무엇이든 자체로 알아서 먹고 살아야 했다.

- 사상 교육을 많이 시키지 않나.

물론이다. 언제 어디서든 수령인 김일성과 김정일을 임의의 시각에 모시고 공연할 수 있는 최선의 노력과 다함없는 충성으로 준비해야 한다. 그만큼 사상준비에서 철저하고 완벽해야 한다.

- 김일성을 처음으로 언제 보았는가.

1985년도 김일성이 호요방 중국공산당 총서기와 함께 청진을 방문했을 때 청진예술대학 학생인 나는 1호 행사에 참가하여 공연을 했다. 그때 무용연습을 한 달간 했고 당일 행사장에 나타난 김일성을 3m 앞에서 뵐 때는 정말이지 심장이 멎는 듯했다.

- 다소 솔직한 표현이다.

북한에서는 아이들이 자기 부모님의 생일은 몰라도 김일성, 김정일의 생일은 모두가 안다. 수령(대통령)을 부모보다 더 훌륭한 위인으로 알고 평생토록 흠모하며 사는 주민들이다. 일생에 한 번 볼까 말까 하는 '세상에서 가장 위대하신 인민의 어버이'를 몸 가까이에서 봤으니 나뿐 아니라 다른 사람들도 무척이나 흥분했을 것이다.

- 후에 참가한 다른 1호 행사는.

1989년 7월, 평양에서 있은 '제13차 세계청년학생축전'(사회주의나라 청년축제)이다. 88서울올림픽에 자존심이 상한 북한 당국이 야심차게 준비한 13차 청년학생축전은 일주일간 평양에서 진행된 국제행사로 북한 역사상 가장 많은 2만 여 외국인이 참여했다.

- 그 행사 연습도 만만치 않았겠다.

그해 3월에 평양으로 올라가 4개월간 일요일 빼고 매일 8~10시간 씩 고강도 연습훈련을 했다. 첫날 행사에 김일성과 김정일이 함께 입장했고 개막식과 공연은 2시간 가까이 진행되었다.

- 추억에 남는 것은 뭔가.

1989년 여름은 유난히 더웠다. 연습훈련 장소는 청년야외극장 앞마당, 김일성경기장 앞마당, 모란봉극장 앞마당 등이다. 더운 날씨인 낮 시간대를 피해 야간에 훈련을 하였다. 오후 5시부터 새벽 2~3시까지 방송차에서 나오는 음악선율과 구령에 따라 진행되었다. 숙소는 평양대동교 경림사거리에 있는 예술인 여관이었다.

- 사사여권으로 북한을 나왔던데 맞나.

그렇다. 2008년 7월, 유효기간 6개월 짜리의 북한 공식여권을 갖고 중국(연길)으로 친척 방문을 나왔다. 중국에 와보니 '세상은 너무나 다르구나! 내가 그동안 우물 안에 살았네' 하고 쉽게 느꼈다. 처음 한 달간은 개인무용 강사로 일하며 돈을 벌었다.

- 언제 한국으로 왔는가.

6개월간 중국에서 자유와 풍요로운 물질생활의 맛을 보니 북한으로 가기 싫었다. 고향으로 가는 것은 정말 미련한 짓임을 판단했다. 이후 신분이 '친척 방문자'에서 '탈북자'로 바뀌었고 살벌한 공안 단속에 위험을 느껴

2011년 11월, 남한으로 왔다.

- 사회생활은 쉽게 시작했는가.

처음 사회에 나와서 건강상태가 좋지 않아 몇 년은 휴식하였다. 물론 남편이 일을 하면서 돈을 벌어다 주었기에 두 자녀를 데리고 전업주부로 사는데는 별 어려움 없었다. 그러다가 그렇게 의미 없는 시간을 보내는 것이 매우 아깝다는 생각이 불쑥 들었다.

- 최신아예술단을 소개해 달라.

내가 처녀 때 그리고 이후에도 기본적으로 많이 하였던 전통무용을 다시 하고 싶다는 마음이 간절히 들었다. 그리하여 숙고 끝에 2015년 11월, 서울에서 '최신아예술단'을 창단했으며 회원은 6명으로 시작했다. 모두 남한 출신의 무용전공자들이다.

- 회원들이 다양하던데.

현재 19명의 회원 중 3명의 외국인이 있다. 이들은 순수 유튜브 영상으로 최신아 무용을 보고 "나도 꼭 최신아 같은 무용수가 되겠다"는 결심으로 찾아온 사람들이다. 아무래도 외국인에게는 보다 더 세심한 방법으로 잘 가르친다. 외국에서 우리 한국의 전통춤을 춘다는 것은 그만큼 대한민국 국위선양에 도움이 되는 것이다.

- 많은 공연을 한 것으로 안다.

2016년 1월, 서울지방경찰청 주최 탈북민 설맞이 행사에 초대공연을 했다. 3월, 국악방송 개국 15주년 기념행사에서 공연했고 5월에는 최신아예술단과 함께하는 문화여행-경기도 문화재단 나눔 사업을 3회에 걸쳐 진행하였다. 장애인들을 위한 공연도 매해 한다.

- 또 어떤 행사가 있었나.

2017년 6월에는 서울서초문화회관에서 윤봉길 의사 탄신 109주년 추모음악회를 진행했다. 그해 12월에는 강원도 홍천사회복지관에서 어르신들을 위한 무료공연을 펼치었다.

- 해외공연도 여러 번 하지 않았는가.

2018년 12월 인도의 델리, 찬디가르, 뉴델리서 우리 민속 전통공연을 멋지게 펼쳤다. 가만히 생각해보면 정말 경이로운 일이다. 내가 북한에서라면 꿈도 꾸지 못할 해외공연을 대한민국 국민이 되었기에 마음껏 할 수 있다고 생각하니 감개무량함을 금할 수 없다.

- 자긍심이 아주 많겠다.

당연히 그렇다. 2019년 4월에는 3·1절 독립선언 추념공연 〈아 대한민국, 장고춤〉을 선보였고 8월에는 세계한민족 공연예술축제 〈쟁강춤〉을 진행하였다. 9월에는 평창올림픽 1주년 강원도 평창군 용평면 특별공연을 진행하였다. 너무나 감사할 따름이다.

- 최신아무용연구소는 언제 설립했는가.

올해(2019년) 1월에 설립하였다. 우리 예술단의 배우들과 또 내가 개인적으로 양성한 제자들의 입소문을 통해 나한테서 무용을 배우겠다는 사람들이 생기기 시작했다. 처음에는 나도 믿기 어려울 정도로 어리둥절했고 너무나 고마운 일이다. 그래서 보다 체계적으로 잘 가르치기 위해 무용연구소(무용학원)를 갖추게 되었다.

- 가장 고마운 분은.

사랑하는 친구같은 남편이다. 최신아예술단은 초기 서울 여의도에 있다가 3년 전 인천으로 이사를 했다. 작년 말 경에 단체 내부 사정에 의해 새로 이곳 서울 영등포로 사무실을 얻어 옮겼다. 이 연습실을 꾸리는데 남편이 솔선수범이 되어 수고를 해주었다.

- 반려자만한 동지가 없다.

정말 그런 것 같다. 내가 잦은 지방공연을 다닐 때도 항상 공연전용차 운전을 해주고 늦게 퇴근해 들어가는 집에서 온종일 두 자녀를 잘 돌봐주니 나에게는 정말 소중한 사람이다. 내가 하는 어떠한 일도 항상 응원해주고 있으니 진짜 든든한 동반자이다.

- 앞으로 계획은 무엇인가.

내년에는 '최신아예술단'과 '최신아무용연구소'를 지금의 2배로 키울 계획이다. 대한민국에 와서 지금까지 내가 가르쳐준 제자가 20명 가까이 된다. 앞으로 10년이 될지, 20년이 될지 모르지만 3,000명의 제자를 키워내는 것이 나의 숙원사업이다. 그들이 한국과 세계무대에서 활동하는 것을 보는 것이 평생의 꿈이다. **탈북미녀의 추억**

추석이면 고향이
더욱 그리운 탈북민들

조선시대 왕조국가인 북한에서는 김일성(4월15일)과 김정일의 생일(2월 16일)을 '민족 최대의 명절'로 부른다. 28년간 평양에서 늘 그렇게 듣다가 1997년 봄, 서울로 왔다. 추석을 맞아 사람들이 표현하는 '민족 최대의 명절 추석'이란 말에 다소 어리둥절했다.

1945년 해방 후, 북한 김일성 공산 정권은 소련(러시아)식 사회주의 독재 체제를 세우며 배척했던 민속명절 추석을 1980년대부터 조용하게 소극적으로 쉰다. 추석 당일 당과 국가의 간부들은 죽은 수령(김일성·김정일)의 시신궁전을 찾아 헌화하고 묵념한다.

일반 주민들은 반드시 소속된 행정(정치)조직의 지시에 따라 주거지역에 있는 수령 동상이나 혁명사적관을 찾아 엄숙한 분위기에서 참배한다. 이후 조상의 묘소를 찾기도 하는데 대부분의 사람들이 20~30리의 거리도 도보로 간다. 교통수단이 없거나 부족해서이다.

탈북민들은 목숨만큼이나 소중한 자유를 찾아온 남한에서 많이 놀란다. 추석날은 순수 조상을 위한 제삿날이니 말이다. 2020년 9월, 추석(10월1일)을 맞아 서울시 영등포구에 위치한 '평양라이브' 카페를 찾아 양경순 대표를 만나 편하게 대담을 나누었다.

- 자신을 소개해 달라.

1988년 10월, 함북 무산서 태어났다. 형제는 5남매의 막내, 아버지는 ○○목재사업소 노동자, 어머니는 주부였다. 내가 7~8살 때 부모님은 연년이 굶어 사망했다. 큰오빠를 도와 5인가족의 생계를 위해 14살부터 장사를 했다. 재적은 무산○○고등중학교에 두었고 생계장사로 등교 못하는 아이들은 학급에 절반 이상이었다.

- 보다 상세히 말해준다면.

일찍이 시집을 간 언니네 집에서 언니와 함께 만든 두부밥을 시장에 내다 팔았다. 미공급(식량배급 없음) 시기라 음식장사는 제법 잘 되었다. 갓난 아기 주먹크기만한 두부밥 한 개가 5원이었다. 하루 판매목표량 100개의 두부밥은 1~2시간이면 후다닥 팔린다.

- '메뚜기시장'은 무슨 소리인가.

일부 사람들은 비싼 시장 사용료가 없어 시장주변서 자리를 펴고 장사한다. 수시로 생겼다가 없어지는 자리이고, 상인들이 안전원(경찰)의 단속을 피해 메뚜기처럼 뛰어다닌다고 해서 '메뚜기시장'이라 한다. 단속되면 물건은 전부 혹은 일부 압수당한다.

- 무슨 장사를 또 하였나.

사탕, 과자를 언니네 집에서 만들어 팔았다. 또한 시장에서 중국산 의류·신발·생필품 장사 재미도 쏠쏠하게 보았다. 여담이지만 나는 16살 때 옥수수 40kg값을 주고 쌍꺼풀 수술까지 했다. 보통 수술은 몰래 가정집에서 마취 없이 진행한다.

- 집에서 수술하면 불법 아닌가.

물론 그렇지만 엄연히 의사들도 식량배급이 없는 병원에 출근하는 것보다 개인에게 쌀값(혹은 식량)을 받고라도 몰래 의술을 펼쳐야 밥을 먹고 산다. 의사의 진단을 받은 환자가 병원에 입원하려면 먹을 쌀과 약을 갖고 가야 하는 형국이니 더 말해 뭐하겠는가.

- 남조선 비디오를 봤다면서.

내가 17살 때 무산시장에서 남조선 비디오테이프(CD)가 암암리에 유통되었다. 어느 날 테이프 2개를 옥수수 14kg값을 주고 빌려 봤는데 남조선 드라마 '가을동화'였다. 4인 남녀의 사랑, 이별, 복수, 아픔의 이야기를 그린 그 드라마에 한껏 매혹되었다.

- 마음이 무척 설레었겠다.

솔직한 심정으로 '가을동화'의 주인공인 송승헌, 송혜교, 원빈 등 멋진 배우들을 보는 것만으로도 기분이 좋았고 많이 행복했다. 드라마를 보면서 "나도 남조선에 가면 저 배우들처럼 비행기도 타볼 수 있겠구나" 하는 생각을 해보았다. 문화의 힘이 그렇게 크다.

- 그 후 어떤 일이 있었는가.

몰래 본 '가을동화'에 정신이 꽂혀 언젠가 언니에게 "우리 남조선으로 갈까?"라고 물었다. 화들짝 놀란 언니가 덮치듯이 내 입을 막으며 "야! 온 가족이 몰살당하는 꼴 보고 싶어 그래? 다시는 그런 소리 말라"고 해서 포기했다. 내색은 안 했지만 이후 마음속에 '그래 언젠가는 꼭 남조선으로 가리라'는 다짐이 들어찼다.

- 장사 말고 또 무슨 일 해봤는가.

오빠 친구들과 함께 산골로 들어가 수백 평의 밭을 일구어 콩, 감자, 옥수수 등 온갖 농작물을 심었다. 땀 흘린 보람은 가을에 있었는데 옥수수는 최고 1t까지 수확했다. 그때야 비로소 당에서 극구 통제하는 개인 농사는 작황이 매우 좋다는 것을 알게 되었다.

- 아픈 추억이 있다면.

우리 동네 사람들은 조금 일찍 결혼하는 풍습이 있었다. 20살 때 중매꾼의 소개로 ○○농장 작업반장의 아들을 소개받았는데 약혼식 후에 보니 '결핵환자'였다. 은근히 골치가 아팠다. 결핵은 전염이 쉽고 약혼식 날 하룻밤 잔 것도 아니고 해서 거절했다.

- 불행이라고 생각하였겠다.

물론이다. 거기에 큰오빠가 "약혼식까지 했으니 그 남자와 꼭 살아야 한다"고 했고 언니마저도 내 심정을 몰라줬다. 조선시대도 아니고. 며칠 고민하다가 '결혼도 할 수 없고 지긋지긋한 고향땅도 싫다. 나는 죽어도 남조선으로 가야겠다'는 비장한 결심을 다졌다.

- 탈북은 언제 실행했는가.

6년간 장사를 했으니 국경 경비대원도 제법 알았다. 2007년 10월, 누나·동생하며 친했던 군인 2명에게 각각 옥수수 30kg값을 주고 두만강을 건넜다. 몸에 품었던 조선공민증(주민등록증)을 찢어 강물에 버리고 뒤도 안 보고 앞으로 달렸다. 그런데 운명의 장난인지 2일 만에 중국 공안에 단속, 강제 북송되어 무산으로 왔다.

- 어디서 어떤 처벌을 받았나.

안전부(경찰) 취조를 받고 '노동단련대'로 넘겨져 6개월간 처벌(하루 12시간 강제노역) 결정을 받았다. 큰오빠가 옥수수 100kg을 단련대 간부에게 바치고 2주간의 강제노동으로 무마되었다.

- 마음이 가볍지 않았겠다.

이틀 뒤 브로커의 도움을 받아 다시 두만강을 건넜다. 나를 낳아준 사랑하는 부모님이 굶어서 돌아간 그 땅, 어떻게든 살아보겠다며 몸부림치는 언니·오빠들, 다정한 소꿉친구들이 있는 고향땅을 뒤돌아보니 눈에서 피눈물이 났다. 눈물젖은 두만강이다.

- 남한으로 언제 왔는가.

인신매매에 걸려서 간 곳은 흑룡강성 하얼빈이다. 여기서 1년 4개월간 살면서 중국어를 열심히 배웠다. 하여 신문광고를 보았고 요령성 심양에 한국 기업과 관련 일자리가 많다는 정보를 알게 되었다. 이후 목단강을 거쳐 심양으로 갔고 편의점에서 한동안 일했다. 곤명, 라오스, 태국을 거쳐 2011년 12월, 한국에 왔다.

- 어떻게 사회생활을 시작했나.

언젠가 지인의 소개를 받아 여러 대학교 신입생모집 행사에 갔다. 쟁쟁한 대학 이름이 적힌 안내책자를 보며 마음이 무척 설레었다. 내가 북한에서 그 처절한 고난의 행군시기 가족부터 우선 살려야겠기에 포기했던 공부를 늦게나마 실컷 하겠다는 의욕이 났다.

- 무엇이 장애가 되었는가.

고향에 있는 4명의 언니·오빠가 마음에 걸렸다. 시장에서 하루 벌어 하루 겨우 사는 그들에게 내가 남한에서 대학공부를 하는 모습은 거의 사치스러운 광경으로 비칠 수 있으니 말이다.

- 고향의 형제들과 연락하나.

남한에 와서부터 지금까지 계속 고향의 언니·오빠에게 돈을 보낸다. 적게는 1인당 100만 원, 많게는 그 이상이다. 언젠가 큰오빠와 어렵게 통화를 했는데 "경순아! 큰오빠 걱정은 하지 말고 너만 잘 살아라. 부디 앓지 말고 건강해서 통일이 되면 꼭 만나자"고 하더라. 그 소리를 듣고 며칠 동안 울었고 마음이 못내 아팠다.

- 취업, 구직 준비도 많이 하였나.

낮에는 일반음식점에서 서빙을 했고 저녁에는 제과제빵학원을, 주말에는 컴퓨터전문학원을 다녔다. 그렇게 6개월을 눈코뜰새없이 바쁘게 보냈으며 "무엇인가 나만의 일을 해보자"는 생각을 갖게 되었다. 이후 북한 음식 및 식품판매 사업을 하게 되었다.

- 북한식품은 어떤 종목인가.

중국을 통해 들어온 북한산 인조고기, 명태, 술, 담배와 아바이순대, 두부밥, 떡 등을 각종 행사장이나 모임장소에 가서 팔았다. 음식은 내가 직접 밤을 새며 만들기도 했다.

- '평양라이브'는 언제 개업했나.

2019년 4월, 서울지하철 2호선 대림역 근처에 개업한 카페이다. 손님들이 음료와 맥주를 마시며 노래 부르고 춤추는 곳이다. 영등포구 대림3동 사거리 건물 2층에 70평 규모이고 주차장도 있다. 오후 7시에 문을 열어 새벽 2시까지 영업한다. 전화번호는 0507-1331-4434, 주소는 서울시 영등포구 가마산로 352이다.

- 다른 가게와 차이는 무엇인가.

주변에 여러 개의 유사한 카페가 있지만 우리 '평양라이브'만큼 현대적이고 최신장비로 꾸민 곳은 없다. 가게 사장으로서 직원들에게 항상 강조하는 것은 "친절, 친절 또 친절"이다.

- 어떤 특별함이 있는가.

음악인 출신 탈북민이 직접 악기를 연주하고 내가 마이크를 잡고 노래도 부른다. 그리고 우리 카페에는 유튜브에 있는 북한 음악 3만 곡이 있으며 누구나 쉽게 부를 수 있다. 주말이나 휴일이면 고향의 향수를 달래려고 많은 탈북민들이 제법 찾아온다.

- 탈북민들이 너무 좋아하겠다.

물론이다. 가게로 탈북민들이 적게 올 때는 전체 손님의 15% 많을 때는 30%까지 된다. 그 중에 10년 이상 남한에서 산 탈북민이 많다. 남한 사람들도 향수가 그리워 전통음식점과 옛날식 주점을 찾듯이 탈북민들도 똑같지 않겠나. 주말이나 휴일이면 여기를 북녘 고향집 안방으로 생각하고 찾아오는 단골 고객이 많다.

- 북한 노래를 탈북민들이 많이 부르나.

의외로 그렇다. 현재 남한의 노래방에 있는 북한 노래는 〈반갑습니다〉, 〈휘파람〉, 〈심장에 남는 사람〉 등 3곡이 전부이다. 이것도 벌써 20년째인 것으로 안다. 그에 비하면 우리 '평양라이브'에는 모란봉악단 등에서 만든 북한의 최신 전자음악이 전부 있다. 북한 노래는 사상만 빼고 들으면 모두 우리의 전통가락이고 예술이다.

- 고향 생각 간절한 추석이다.

3만 탈북민이 모두 떠나온 고향 생각은 똑같을 것이다. 사람이 나이가 들면 과거의 향수를 그리워하는 것은 본능적 습관이다. 올해는 코로나로 인해 주변의 남한 사람들이 부모님 계시는 고향 방문도 자제하는데 솔직히 그것까지도 부러운 우리 탈북민들이다.

- 바라는 것이 있다면 뭔가.

미국이나 영국 등 외국에 가면 한국인들이 밀집해 있는 '코리아타운' 지역이 있다. 우리 탈북민들도 서울이나 인천 같은 대도시에 일명 '탈북인 마을'을 형성하고 함께 살았으면 좋겠다. 남한 사람들이 '경상도 사람', '전라도 사람' 하듯이 우리 3만 탈북민에게도 분명히 '이북 사람'이라는 지역감정이 있지 않겠는가. 탈북미녀의 추억

북한 방송원은
노동당 정치선동원이다

　북한은 당과 수령, 체제선전을 정부의 최고 국책으로 증시하는 사회이다. 조선중앙방송을 비롯한 평양과 지방의 각 언론매체에서 경쟁적으로 진행하는 정치선전이다. 철두철미 완벽한 대중통제이며 이는 북한 사회를 지탱하는 데서 중요한 부분이기도 하다.

　도·시·군당위원회 산하 방송위원회뿐만 아니다. 내각 소속의 전국 연합 및 특급 기업소에도 대중을 상대로 정치선전을 목적으로 하는 유급 혹은 반유급의 선전대가 있다. 현장을 찾아다니며 하는 선전활동 중에는 방송원의 선동연설도 분명히 있다.

　이제는 역사인물이 되었지만 1970년대 노동당 선전선동부에서 정치활동을 시작한 북한의 2대 수령 김정일은 "인민들에게 당의 결정관철을 선동하는 방송원은 강하고 호소력 있는 방송을 하라"고 했다. 그만큼 정치선동에 크게 통치 비중을 두었던 수령이었다.

　3대 수령 김정은 정권은 선대수령들의 과거 정권과 전혀 다름없이 지탱되고 있다. 오히려 주민들에 대한 사상통제 교육은 더욱 진화된 모습을 보인다. 2021년 3월, 인천 지하철 소래포구역 근처에서 이연아 '희망인의집' 대표를 만나 이야기를 나눴다.

- 자신을 소개해 준다면.

북한 친인척의 안전을 위해 지역명 등 자세한 소개는 불가하다. 1983년 5월, 함북도 ○○시에서 지방재정기관(은행) 초급일군인 아버지와 ○○병원 내과의사인 어머니 사이에 외동딸로 태어났다. 5살 때 유치원 선생님이 부른 성인노래를 몰래 귀로 익혀 부모님 앞에서 불렀다. 어머니가 날보고 '음감'(소리 감정)이 좋다고 했다.

- 소녀시절의 꿈은 무엇이었나.

10살 때부터 소설책 보기를 무척 좋아했다. 낭독을 할 때 오독으로 멈춘 적이 전혀 없었다. 소녀시절 꼭 유명한 작가가 되어 사회주의 '문학의 나라' 러시아로 유학을 가는 것이 꿈이었다.

- 지금도 기억에 남는 작문이 있는가.

고등학교 시절 문학시간에 동요 동시를 잘 썼다. 문학선생이 나를 4개월간 매주 2시간씩 개별지도를 해줬다. 20여 년이 지난 지금도 그때 썼던 시 몇 줄이 생각이 난다. "학교길 가는 길에 아름다운 꽃 한 송이 피었네 / 아버지 원수님 사랑을 가득 담아 활짝 피었네…" 항상 학교에서 진행된 산문·시 창작경연에서 우승을 했다.

- 도(道)방송위원회 입직 경위는.

고등학교를 졸업하고 ○○기능공학교에서 의류제작 기술을 배웠다. 2003년 지인을 통해 도(道)방송위원회 방송원 입직심사를 보아 합격했다. 인물 및 신체검사는 기본, 실기시험은 소설 낭독이다. 지정시간에 오독 없이, 감성과 표정도 적정히 맞춰야 한다. 도방송위원회 방송원 입직 비준은 도당위원회 간부부에서 한다.

- 구성원은 어떻게 되었는가.

도(道)당 선전부 직속기관인 도방송위원회에는 위원장부터 말단 직원까지 모두 45~50명이 직원이 있다. 그중 방송원은 도(道) 내 13개 군(郡)에 한 명씩, 기자는 1~2명씩 배속되어 있다. 나머지는 편집기술 및 관리직원들이다. 충성심이 높은 사람들이다.

- 구체적으로 말해줄 수 있나.

직원들은 대부분 도(道)급 사범대학의 어문학부 혹은 외문학부를 졸업한 사람들로 어느 정도의 실력을 충분히 갖추었다. 방송원은 무급, 5급, 4급, 3급, 2급, 1급으로 되어있으며 그 위에는 공훈방송원, 인민방송원이 있다. 입직해서 2년이 지나면 5급 시험을 볼 수 있으며 방법은 논문과 실기시험(낭독·화술)을 병행해서 본다.

- 방송편성 및 송출시간은.

전체 방송물의 95%는 평양에서 유·무선으로 송출되는 중앙방송을 직접 연결 혹은 재방송이 원칙이다. 새벽 5시 '김일성장군의 노래'로 시작, 밤 12시 수령의 만수무강 찬가로 종료한다.

- 내용은 대체로 어떤 것인가.

방송프로그램 대부분이 수령(최고지도자)의 동정과 당정책, 체제홍보에 초점이 맞춰있다. 정시보도 시간에 다루는 소식은 수령의 혁명활동 소식이나 관련 내용이 가장 먼저다. 음악, 시, 희극, 탐방기, 경제 및 체육소식 등

전부 체제 찬양과 연계되었다.

- 자체로 하는 지방전문 방송은.

아침 6시, 그리고 오후 2시에 각각 20~30분 정도 한다. 지방소식 시간 1순위가 수령과 연관된 도내 여러 단위 긍정소식 보도이다. 2순위가 지역 경제 소식이고 3순위는 사회, 문화소식 소개시간이다. 2주에 한 두번은 비판방송을 5분 가량 하는데 주로 사회주의 생활양식에 심하게 어긋나는 일부 비도덕·문화적인 행태를 보도한다.

- 직업 특성상 방송원의 특혜는 뭔가.

전혀 없다. 있다면 사람들이 다소 부러워하는 눈빛, 일종의 영예라고 할 수 있다. 도당위원회 간부들은 평소에 주민들에게 으스대는 경향이 있는데 유독 방송위원회 사람이나 방송원 앞에서는 점잖은 모습을 보인다. 방송녹음 및 편집을 오전에 마치면 오후에는 '장사'를 하라고 자유시간을 몰래 준다. 특혜라면 그것이다.

- 생활고초를 겪는 기자들이 있나.

고난의 행군시기(1990년대 중후반, 약 300만 명 아사함) 직장에서 부식물은 고사하고 식량배급도 전혀 주지 않았다. 기자도 별수가 없으니 업무수행에서 비공정, 편향적인 모습을 보인다.

- 주로 어떤 방법을 쓰는가.

기자들은 상급의 지시로 기획 현장취재를 많이 하는데 주로 수산(축산) 사업소, 식료공장, 협동농장, 외화벌이사업소, 물자관리소 등 소위 '먹을알 있는 곳'이 우선이다. 취재를 나간 기자는 자기 몫은 물론이고 상급간부들 몫도 챙겨온다. 일종의 아첨이다.

- 학창시절 특별한 일이 있었다면.

고등학교 시절 우리 집에는 아버지의 지인이 소련(러시아)으로 벌목을 하러 가면서 맡겨두었던 라디오가 달린 녹음기가 있었다. 부모님들이 직장에 나가고 혼자 있던 어느 날, 부풀었던 호기심에 라디오를 듣던 중 이상한 소리를 들었다. 분명 조선말(한국어) 방송인데 난생 처음 들어보는 귀에 설은 억양이었으니 말이다.

- 매우 흥미로운 상황이었겠다.

정말 그랬다. "모스크바에서 동포 여러분에게 보내는 방송입니다" "길림성 연길에서 보내는 조선말 방송시간입니다"라고 분명히 들었으니 어안이 벙벙하였다. 며칠 동안 들어보니 그것이 소련과 중국에 있는 한(조선)민족 동포들을 위한 방송이었던 것이다.

- 어떤 생각이 들던가.

우선 당국에서 선전하는 대로 "썩어빠진 남조선사회가 아닌 것 같네" "남조선이 진짜 못살고 무서운 사회라면 어떻게 올림픽을 개최했을까?" 등 아리송한 의문이 들었다. 그렇다고 그것을 누구에게 물어보거나 당국에 항의하는 일은 상상도 못했다. 무엇보다 순진한 소녀, 고등학생이었으니 훌쩍 잊어버리기로 하였다.

- 마음의 변화는 어디서 시작되었나.

방송원으로 일하면서 '특혜'를 받아 오후에는 개인장사를 했다. 속으로 자문자답했다. 인민들이 장사를 해서 배불리 먹고 일하면 당에 더 충실하겠는데 왜 당국은 한사코 통제할까? 아! 인민들이 배부르면 당의 지시도 잘 안 듣고 심지어 거역할 수도 있겠으니 그러겠구나. 그래서 '장마당'을 '혁명의 장애물'이라고 하겠지.

- 탈북 동기의 시점은 언제인가.

처녀 방송원은 결혼을 하면 대부분 출산과 유아로 사직한다. 나도 25살 때 결혼을 앞두고 사직했고 특별한 일이 생겼다. 결혼할 남자의 여동생이 먼저 탈북을 하여 남한에 갔던 것이다.

- 무슨 일이 발생하였나.

예비 시누이인데 글쎄 어느 날, 브로커를 통해 남한에서 자신의 결혼식 사진을 보냈던 것이다. 그걸 보는 순간, 심장이 벌렁벌렁 뛰었고 눈이 확 뒤집혔다. '그래, 이거지. 일생에 한 번뿐인 결혼을 이렇게 해야 후회가 없지' 하고 꼭 탈북할 결심을 굳혔다.

- 남편이 될 사람은 뭐라던가.

다짜고짜 싫다고 하더라. 아마 여동생에게서 "오빠! 남조선은 우리 여자들은 살기 좋은데 남자들은 살기가 보통 힘든 곳이 아니다. 일자리 찾기가 하늘의 별따기이야"라는 내용의 정보를 알게 된 모양이다. 거기에 두려움을 크게 가졌던 것 같다.

- 언제 서울로 왔는가.

결혼을 앞둔 우리 두 사람은 "남쪽으로 가서 결혼식을 하자" "아니다. 죽어도 못 가겠다" 하며 몇 달간 옥신각신하였다. 그러다 끝내 입장이 달라 "그러면 너는 여기 고향에서 살고 나는 남조선으로 가서 살겠다"며 결별을 선언했다. 2011년 12월, 두만강을 건너 중국에서 1주일 지나 태국을 거쳐 다음해 1월 남한으로 왔다.

- 남한생활 어떻게 시작했나.

북한에서 임신한 아기를 남한에서 낳았으니 분명 하나님이 주신 축복이다. 동시에 자동적으로 한부모가정이 되었다. 2년간 집에서 유아를 하며 한부모가정의 시련이 얼마나 큰 것인가를 톡톡히 체험했다. 물론 지금도 한부모가정이며 허나새나 나의 운명이다.

- 방송에 학업까지 열심이던데.

2014년부터 방송활동을 하고 있다. 아나운서 출신의 유일한 탈북민이기에 여러 군데서 섭외요청이 들어오며 고정프로그램도 맡아 진행 중이다. 2015년부터 4년제 대학을 다녀 졸업했다. 유아를 하며 일도 하고 공부도 한다는 것이 쉽지만은 않다. 그러나 목숨 걸고 두만강을 건너던 그 정신으로 지금도 살고 있다(웃음).

- 지금 대표를 맡은 '희망인의집'은.

올해(2021년) 1월, 탈북민 한부모가정을 포함한 다문화가정을 여러 가지 형태로 지원하기 위한 목적으로 설립한 비영리단체이다. 우리 사회의 소외계층인 한부모가정, 다문화가정을 보다 양지쪽으로 끌어내기 위해서는 여러가지 많은 활동이 필요하다.

- 그 분야도 문제가 많겠다.

나날이 많은 비중을 차지하는 다문화가정 및 한부모 자녀들과 부모가 수시로 부딪치는 정서적인 문제는 정말 심각하다. 우선 아동에게 꼭 필요한 정서지원을 위해 미술놀이치료활동, 아동심리상담, 감각놀이체험, 부모상담 등이 반드시 필요하고 진행해야 한다.

- 본인의 단체 운영관은 무엇인가.

회원들에게 자신의 처지에 대해 비관·실망하지 말라고 한다. 사람은 누구에게나 행복과 시련이 있다. 누군가에게 무엇을 바라는 것보다 자신에게 있는 것에 만족을 하면서 당당히 사는 것도 멋진 모습이라고 한다. 어렵다 하면 어렵고, 아니라 하면 아닌 것이다. 무엇보다 자신과의 싸움에서 이기는 강자가 되어야 한다.

- 탈북민들에게 할 말은 뭔가.

사람은 망각의 동물이니 과거를 빨리 잊어버린다. 사실 우리가 남한에서 아무리 어렵게 정착하며 힘들게 산다고 해도 북한 생활에 비하면 배부른 흥정이다. 탈북민들은 남한에서 북한의 도당책임비서(남한의 도지사)보다 훨씬 자유롭고 유족한 생활을 한다. 삶의 매순간 순간마다 감사함을 갖고 살면 그것이 곧 행복이다. 탈북미녀의 추억

남북 주민의 멋진 결혼이
바로 통일이다

3만 5천 명의 탈북민 시대, 요즘 남한 사회서 탈북민이 더는 희소가치의 존재가 아니다. TV예능프로와 신문·잡지, 라디오에서 탈북민들의 평범한 일상 생활모습과 좋고 나쁜 소식이 종종 전해지고 있으니 말이다. 특히 유튜브(개인 TV방송)에서 그렇다.

소중한 나랏돈으로 정착금을 받아 대한민국 국민이 된 탈북민들은 사회의 각 분야서 열심히 살아가고 있다. 물론 북한에서 한갓 짐승처럼 살던 자신을 사람답게 살도록 받아준 한국 정부에 한없이 감사하면서 말이다. 그것이 곧 보답의 길이라고 믿는다.

2021년 현재 남한에 거주하는 탈북민 중 70%가 여성이다. 이중 대략 절반의 여성이 아름다운 결혼(초혼 혹은 재혼)을 하여 단란하고 행복한 가정생활을 하고 있다. 어쩌면 이들은 7천만 민족의 숙원인 평화통일을 시범적으로 이룩한 셈이라고 해도 과언이 아니다.

다소 쉽고도 어려운 사람과의 통일을 먼저 맞은 이들이야말로 분명 미래한반도 평화통일의 기여자임은 확실하고 틀림없다. 2021년 봄, 새터민 여성 전문결혼업체인 '김해린결혼정보'를 경영하는 김해린 대표를 서울 중구 모처에서 만나 마주 앉았다.

- 자신을 소개해 달라.

1992년 3월, 양강도 혜산서 태어났다. 남동생이 있고 아버지는 혜산전화국 노동자, 어머니는 주부였다. 유년시절 5회에 걸쳐 중앙당5과 대상(일명 기쁨조)에 뽑혔다. 중앙당5과는 수령의 별장서 근무할 젊은 남녀를 전국서 선별한다. 신원조회서 부결된 이유는 조부가 1970년대 소련(러시아) 벌목장서 행불되었기 때문이다.

- 학창시절 추억이 있다면.

학교에서는 아이들 교육에 필요한 재료 및 기구는 물론 심지어 학교운영에 쓰이는 돈과 자재(나무·석탄, 모래·시멘트)도 전부 학생들에게 전가시킨다. 이것도 잘 바쳐야 '모범학생'으로 인정받는다. 공부도 물론 잘해야 하지만 학교가 요구하는 물자도 잘 바쳐야 상급학교(대학)와 좋은 직장을 배치 받는 것이 관행이다.

- 뇌물에 따라 진로가 결정되는가.

그렇다. 비교적 공부를 열심히 했고 학교에 상납물자도 많이 바쳤는데 결국은 졸업 때 내가 지망한 혜산교원대학은 끝내 가지 못했다. 이유는 할아버지가 행방불명자이기 때문이다.

- 생활에 어려움은 없었는가.

거짓말 같겠지만 사실 고난의 행군시기(1990년대 중 후반, 4~5년간) 우리 집은 세끼 쌀밥에 5~6가지 반찬의 식탁을 마주 앉았다. 집에는 TV, 냉장고, 녹음기, 재봉기 등이 있었고 장롱에는 갖가지 고운 옷이 가득했으며 매일 그것을 골라 입었으니 잘 살았다. 이 모든 것은 바로 어머니가 부지런하게 장사를 했기 때문이다.

- 어떤 품목을 취급했나.

의류, 생활용품, 약품 등 중국산 물건을 도매하는 일을 차량으로 크게 했다. 북한은 전체 주민이 서로 감시하는 체제인데 동네 누군가의 신고로 어머니는 안전부에 불려가 조사를 받았다.

- 결과는 어떻게 되었는가.

그간 어머니가 암암리에 했던 장사물품에는 남조선 상품도 적지 않게 있었다. 그것 때문에 1년간 노동교화소(강제노역장)에 갔고 그동안 집안에 장만해뒀던 물건을 모두 팔아 그 돈으로 간부들에게 뇌물을 먹여 그나마 어머니 형량을 1년으로 낮추었다.

- 그 후 바뀌어진 환경은.

어머니는 그 후 장사를 계속했고 특히 나와 동생을 엄하게 단속하였다. 옷도 남들처럼 허름하게 입고 다니라고 하셨고 특히 집에서 "언제 무엇을 먹고 뭐가 생겼다"는 소리는 밖에 나가서 누구에게도 절대 말하지 말라고 신신당부하셨다. 이후로 몇 년 뒤, 어머니가 다시 안전부에 단속이 되어 수개월 간 노동교화소 생활을 하고 나왔다.

- 심정이 어떠하였나.

어린 나이지만 정말 생각이 깊었다. 우리 어머니가 당과 수령, 체제를 반대한 것도 아니고 단순히 먹고 살려고 장사를 했다. 사람이 먹고 살아야 체제에 따를 것 아닌가 말이다.

- 화가 난 일도 많지 않았는가.

당연하지 않겠나. 우선 집에서는 자연히 웃음이 사라졌고 매일 울상이었다. 일생에 한 번 갈까 말까 하는 감옥에 우리 어머니는 두 번이나 다녀왔고 건강이 매우 나빠졌으니 말이다. 또한 인민반에서 당국에 바치라는 인민군대 지원, 농촌동원, 혁명사적지 건설 후원물자 등은 왜 그렇게 많고 끊이지 않던지 그게 제일 화나는 일이다.

- 사람들의 인심도 야박하지 않나.

정말이지 하루 두 끼 옥수수 죽도 겨우 먹으며 지냈다. 동네 이웃집에 쌀을 꾸러 다녀도 모두가 딱한 사정이라며 외면했다. 우리가 풍족하게 살 때는 무척 반겨주던 그들인데 신세가 거꾸로 되니 너무나 차가운 인상으로 변하더라. 사람이 정말 무섭다.

- 실망감이 아주 많았겠다.

그렇다. 장녀인 내가 어머니 대신 장사에 나설 수밖에 없었다. 안 그러면 우리 가족 4식구가 쫄딱 굶어죽을 판이다. 며칠 고민하던 끝에 어머니가 했던 장사를 이것저것 닥치는 대로 했다.

- 다소 특이한 일이 있었다면.

친척 중에 '남조선씨디알'(남한 CD)을 많이 유통시켜 혜산에서 제법 소문을 낸 사람이 있었다. 집에서 CD를 대량 복제하여 타 지역까지 뿌릴 정도로 어마어마한 규모였다. 친척은 훗날 보위부 조사를 받고 정치범 수용소로 잡혀 갔다. 그에게서 가끔 CD를 가져다가 시장에 팔았으니 보위부에서 은밀히 나를 의심했다.

- 왜 탈북할 생각을 가졌는가.

북한에서는 나의 미래가 한치앞도 보이지 않더라. 단지 하루밥 먹고 살기 위해 안전부의 눈치를 보며 장사하는 것이 삶의 전부이다. 그렇게 세월이 지나 때가 되면 시집가서 아이 낳고 우리 어머니 같은 생활을 반복해야한다고 생각하니 고개가 가로 저어졌다.

- 언제 남한으로 왔는가.

어느 날, 고민 끝에 지인 언니(탈북 브로커)에게 "나 중국에 가서 돈 좀 벌고 싶다"고 솔직히 고백했다. 그리하여 2011년 9월, 눈물과 원한의 압록강을 넘어 낯선 땅 중국으로 왔다. 이후 흑룡강성 등 여러 지역에서 공안을 피해 숨어 다니다가 라오스, 태국 등을 거쳐 한국으로 왔다. 2012년 6월이고 내 나이 겨우 20살 때이다.

- 어린 나이에 가족 생각이 많았겠다.

물론이다. 서울의 탈북청소년 대안학교인 여명학교에 입학했다. 1년간 공부하고 대학 진학을 하려는데 고향서 가족이 힘들다는 전화가 왔다. 그래서 임대아파트를 반납한 돈으로 북한에서 엄마와 동생을 데려오려고 했으나 보위부에 발각이 되었다. 당연히 처벌을 받고 이후 너무 무서워 탈북할 생각을 엄두도 못내는 가족이다.

- 어떤 직업을 처음 잡았나.

서울에 있는 ○○결혼정보에 취업해 커플매니저로 일했다. 방문고객과 상담하고 전화로 회원 간 연결을 해주는 등의 업무다. 2년간 일하며 많이 배웠고 창업하고 싶은 충동이 강하게 들었다.

- 그 충동 어떻게 실행하였는가.

2018년 10월, 국제무역 항구도시 부산 해운대구로 내려가서 결혼정보 회사를 설립했다. 의외로 결혼성사 일이 순조롭게 잘 되었다. 부산 경남지역에서 밤낮이 따로 없이 열심히 발로 뛰어서 수백 쌍의 아름다운 결혼커플을 탄생시켰다. 자부심이 뿌듯하다.

- '김해린결혼정보'를 소개해 달라.

지난 2019년 12월, 서울에서 설립하였다. 사무실은 서울지하철 시청역 근처에 있으며 전화번호는 02-588-8856, 주소는 서울특별시 중구 서소문로 116 유원빌딩 1405호(서소문동 75-95)이다. 시청역 9번 출구와 연결되어 있어 고객이 찾아오기 쉽다. 현재 직원은 4명의 커플매니저 가운데 2명은 탈북여성이다. 모두 열성이다.

- 결혼은 무엇이라고 보는가.

정말이지 한 어머니 뱃속에서 나온 형제라도 서로가 성격이 달라 티격태격하기도 한다. 그에 비하면 남남끼리 만나서 부모나 형제 그 이상으로 가까워지는 신비로운 인간관계가 되는 결혼은 그야말로 신이 인간에게 주신 가장 큰 축복이면서 동시에 선물이다.

- 회원들에게 어떤 조언을 하나.

나는 결혼을 원하는 남녀 회원에게 서로가 상대에게 필요한 보석을 찾아준다는 생각으로 일을 하고 있다. 남자든 여자든 배우자를 고를 때 상대방을 존중하고 배려하는 마음에서 찾아야 마음도 편하고 무슨 일이든 순조롭다고 꾸준히 강조한다.

- 서로의 배우자를 찾는데서 중요한 것은.

일부 탈북여성 회원은 "내가 북한에서 고생하고 왔으니 남한에서 돈 있는 남자를 만나 좀 편하게 살고 싶다"는 말도 한다. 글쎄, 그 생각은 자유이겠지만 결코 바른 남성 회원을 만나기는 어렵다. 결혼할 사람을 찾는데서 어느 정도 재산도 중요하지만 그보다는 상대의 진실한 마음을 깊이 들여다 보는 것이 우선이라고 말해준다.

- 맞는 소리인 것 같다.

결혼은 인륜지대사이다. 순간의 감성으로 좋았다, 나빴다 하는 단순한 남녀의 상봉이 아니고 한 평생을 같이 할 동지의 만남이다. 부부인연은 소중히 간진하고 평생토록 지켜야 한다.

- 일부 남성 회원의 특성과 오해가 있다면.

대부분의 남한 남성들이 성격이 다소 어지다고 할까? 아니면 소심하다고 할까? 여하튼 그런 모습은 분명히 존재한다. 그리고 일부 남성 회원들이 처음 사무실을 방문하고 다수 탈북여성들을 기가 세고 성격이 아주 거칠 것으로 인식하는 경우가 심심치 않게 있다.

- 그들에게 뭐라고 말해주는가.

나는 그들에게 분명히 알려준다. "탈북여성들이 기가 센 것이 아니고 생활력이 강한 것이다. 그 가난하고 혹독한 북한 사회에서도 죽지 않고 살아 왔으니 얼마나 대단한가. 그들은 분명 고향과 가족을 그리워하며 사는 따뜻한 여인들이다. 순수하고 아름다운 그들의 마음을 더도 덜도 말고 있는 그대로 봐주면 좋겠다"고 말이다.

- 회원들의 결혼 성공률은.

일반적으로 회원들은 회사 소개로 평균 3~4회 정도 만나면 결혼한다. 작년 초봄에 40대 중반의 남성 회원이 무려 10번의 소개(미팅) 만에 결혼했고 최근 예쁜 아기까지 낳았다. 10명의 남성 회원이 한 달에 3~4회 맞선을 보며 그 중 7명이 결혼한다.

- 언제가 제일 직업의 보람이 있는가.

남녀 회원이 첫 선을 보고 결혼에 성공할 때, 또한 아기를 낳았다는 소식을 들을 때가 제일 기쁘다. 어찌 보면 나는 국민통일 전도사다. 언젠가 남북이 통일되면 남남북녀 혹은 북남남녀 커플이 흔하고 평범한 일상이 될 것이다. 지금 나는 그 미래에 살고 있으며 자부심이 드는 것은 기본이고 통일애국심까지 든다(웃음).

- 사회에 바라는 점이 있다면.

언젠가 뉴스를 보니 국회에서 탈북민도 다문화가족으로 봐야 한다는 정책건의를 정부에 했다는 소식을 들었다. 허탈하다. 정치인들에게는 선거 때만 '북한 주민과 탈북민은 우리 동포'인 것 같다. 독신 탈북여성들은 누구보다 가족이 그립고 따뜻한 남편의 사랑을 바라는 사람들이다. 남한 사회의 관심이 절실히 필요하다. **탈북미녀의 추억**

탈북난민이
아프간 난민보다 못한가

2001년 9월 11일, 이슬람무장테러단체 일당에 납치된 여객기 4대가 미국 뉴욕의 110층 세계무역센터(WTC) 등에 충돌하며 3천여 명이 사망한 비극, '9·11테러'가 발생했다. 10월 7일, 미·영연합군이 '항구적 자유'로 명명한 아프간전쟁을 전격 개시했다.

여기에 미국은 20년간 약 2조 달러(2230조원)를 썼고 2천여 명의 미군과 모두 17만 명 사망, 국익에 전혀 불이익 전쟁이라 판단했다. 조 바이든 미국대통령은 지난 4월 아프간 주둔 미군완전철수 방침을 공식발표하고 5월부터 시작, 8월 30일 완료했다.

지난 8월 26일, 아프간난민 380여명이 한국정부의 '특별공로자'로 긴급히 지정되어 공군특별기를 타고 인천국제공항으로 입국했다. 다소 미묘한 감정과 생각이 문득 든다. 예전에 동남아에서 수백 명의 탈북자를 태운 정부특별기가 들어온 적 있었기 때문이다.

세계적인 전염병 코로나19로 탈북자들의 남한입국은 예년에 비해 90% 이상 감소되었다. 인도주의적 차원이라는 특별한 단서도 분명 있다. 과거 탈북자 238명과 함께 비행기를 타고 인천공항으로 입국한 최민경 씨를 2021년 9월, 서울 모처서 만났다.

- 한국에 들어 온 아프간 난민은.

그들은 수년간 주 아프간 한국대사관, KOICA, 바그람 한국병원 및 직업훈련원 등에서 근무한 현지인들이다. 그냥 자신들의 생계를 위해 외국(한국) 기관에서 일한 평범한 주민들로 탈레반에 대한 극도의 두려움으로 한국행을 희망했을 뿐이다.

- 난민은 어떤 사람들인가.

난민은 종교 및 정치적 박해를 피해 자국을 탈출하는 사람이다. 정확히 탈북자에게 맞는 소리이다. 북한에서는 수령과 노동당 체제를 조금이라도 비판하면 '정치범'이 되고, 종교를 가지면 '정치범'으로 종신 수감된다. 수십 년째 배를 곯고 사는 경제적인 생활고에 견디다 못해 정든 고향을 떠났어도 결국 탈북민은 난민인 것이다.

- 헌법에 북한도 한국이다.

대한민국 헌법은 제3조에서 "대한민국의 영토는 한반도와 그 부속도서로 한다"고 규정하고 있다. 북한도 대한민국 영토이다. 너무 배고파 탈북했고, 강제 북송되어 수용소와 노동교화소에서 온갖 고문과 노예노동, 천대와 멸시를 받는 탈북자이다.

- 어떤 생각이 드는가.

생각만 해도 소름이 끼치는 그 지옥의 땅에서 벗어나 자유대한민국으로 오고 싶어 하는 사람이 바로 탈북자다. 중국에만 수십 만 명이 있는 걸로 추정한다. "사람이 먼저다!"고 하는 한국정부가 왜 중국에 있는 탈북자들을 애써 외면하는지 이해가 안 된다. 그것도 인권변호사 출신의 대통령이

집권하는 현 정부에서 말이다.

- 고향이 어디인가.

  1972년 함경북도 ○○시에서 태어났다. 형제는 오빠가 있다. 아버지는 ○○기업소 당일군을 30년간, 어머니는 편의봉사사업소 이발사였다. 1989년 8월 고등학교를 졸업, ○○시안전부(경찰서) 기요원이 되었다. 일정기간 안전부로 정시 출근해서 주민등록서류를 기록하는 사람으로 글씨를 잘 써야지만 성분도 좋아야 한다.

- 기요업무를 상세히 말해 준다면.

  모두 시(市) 안의 각 동(洞), 리(里)에서 1~2명씩 뽑혀 올라온 기요원들이다. 관할지역 주민들에 대한 이력서류를 출생부터 사망까지 등의 사항을 시시콜콜 한 가구당 3대까지 꼼꼼히 기록한다.

- 그렇게까지 섬세한가.

  거기에 각 기관(공장·기업소, 농장) 및 주거지 동사무장의 보증서까지 첨부하는 주민등록 기록이다. 어쩌면 기요원의 손(펜)에 의해 사람들의 정치적 생명(충성분자 혹은 혁명반동)이 호불호로 갈린다.

- 또 무슨 내용의 서류가 있는가.

  임시특수직인 기요원들은 다른 서류도 쉽게 보는데 별난 내용이 많다. 일상대화 중 정치적 문제와 연관된 것들인데 종합해보면 안전부가 주민들의 사상동향과 일거수일투족을 정밀하게 감시·기록한다는 걸 느끼며 소름이 돋는다. 기요원의 특혜는 안전부서 발급하는 '통행증'(지역이동확인서)

을 남보다 쉽게 받는 것 등이다.

- 다른 경력은 어떤 것이 있나.

1994년 4월부터 8개월간 비밀보장서약서를 쓰고 조선인민군 6군단에서 진행하는 일명 '백도라지동원'에 선출되었다. 함경북도 길주군 평육리서 120리 산골로 들어간 곳에 2개 리 면적에 백도라지 밭이 있었다. 한 사람이 온종일 술잔 한 개 정도의 아편진액을 채취한다. 그렇게 모여진 아편은 어디론가 은밀하게 옮겨졌다.

- 아편을 어떻게 인식했는가.

군인병사들이 수군거리는 말을 몰래 들었는데 "양귀비는 외국에서 무기를 사오는데 필요한 것이다. 우리가 핵보유 군사강국이 되면 미국과 일본도 우리에게 항복하고 설설 긴다"고 했다.

- 당시 생활형편은 어땠나.

'백도라지동원'을 마치고 1995년 1월 시집을 갔다. 남편은 조선인민군 ○○○군부대 산하 수산사업소 선원, 시아버지는 대학교원(교수)이었는데 가정의 생활형편은 좋지 않았다. 김일성 사망(1994년 7월) 이후 식량배급이 완전 중단되니 여기저기서 굶어죽는 사람들이 발생했고 철도역전마다 꽃제비(가출거지아동)가 득실거렸다.

- 탈북 동기가 궁금하다.

1997년 12월 어느 날, 친정아버지가 굶어서 사망했다는 소식을 듣고 친정으로 달려왔다. 어머니가 눈물을 보이며 나를 붙잡고 "민경아! 이러다가

몽땅 굶어죽을 판이니 중국에 있는 4촌 큰아버지네 집에라도 찾아가 도움을 청하자"고 간청했다.

- 이후 어떻게 행동했는가.

그래서 다음날 깊은 밤, 엄마와 함께 두만강을 건너 중국 길림성 훈춘에 있는 외가큰아버지 집으로 찾아갔다. 그리고 큰아버지의 날마다 버릇처럼 하는 "길림성 인구(2천 7백만)보다 적은 제 나라 조선인민도 제대로 먹여 살리지 못하는 김정일이 무슨 수령이란 말인가. 세상 천하의 무능한 속물이다"는 욕설을 들으며 가슴이 다 철렁했다.

- 공안 단속에 위험하지 않았나.

아무리 친척집이라도 이웃의 눈길이 있기에 마냥 불안했다. 중국공안 당국이 탈북자 신고자에게 포상금을 지불하기 때문이다. 고향에 있는 오빠와 어린 딸 등이 생각나서 돈과 식량을 갖고 다시 돌아가려했는데 큰아버지가 기필코 반대했다. "너희는 돌아가면 분명히 굶어죽는다. 내가 죽어도 못 보내겠다"고 하여 눌러 앉았다.

- 북송을 여러 번 당했다던데.

정말 생각만 해도 눈앞이 캄캄해지는 일이다. 처음 2000년에 혼자 북송되었고 새별군을 거쳐 ○○감방에 20일간 수감되었다. 이후 다시 탈북하여 중국에서 살던 중 엄마와 함께 2002년 2차 북송되었다. 어머니는 새별군감옥에서 숨을 거뒀다.

- 고인의 명복을 빈다.

강제노역으로 3개월 복역했고 다시 탈북했으나 아쉽게도 2004년 3차 북송되었다. 이때는 청진집결소에서 6개월간 복역하였다. 이후 다시 탈북했고 2008년 베이징올림픽 기간에 4차 북송되어 함경북도 회령 전거리교화소에서 2년 3개월간 복역을 하였다.

- 언제 북송된 탈북자가 가장 많았는가.

2008년 베이징올림픽 때 중국공안의 대대적인 검거작전으로 가장 많은 탈북자들이 체포되어 북송되었다. 회령 전거리교화소에는 평소 1,200명 정도 있는데 이때는 3,000명 넘게 있었다. 아마 전국의 집결소나 노동교화소로 분산되어 수감된 걸로 보는데 대략 4,000명 안팎의 탈북자가 북송되지 않았을까 하고 짐작한다.

- 특이한 사항은 뭔가.

이때 김정일의 방침(지시)으로 전거리여자교화소를 죄인들의 강제노동으로 새로 지었다. 2년간 건설 끝에 2009년 11월 준공하였다. 전거리여자교화소와 동시에 함흥에도 여자교도소를 새로 지었다. 그전까지는 북한에 여자교화소는 평남 개천에만 있었다.

- 수용소를 한 마디로 표현하면.

북한의 수용소(교화소, 집결소 등)는 정말이지 21세기 유일한 '인간학대 노역장', '인간 도살장'이라고 해도 과언이 아니다. 악질 간수들에 의해 맞아 죽어도 수감자들은 아무 말 못한다. 밤잠 안 재우고, 때리고, 굶기는 등 말로 다 표현을 못할 정도다.

- 뭐가 가장 인상적인가.

열병(고열이 나는 것)과 아사로 하루에 보통 2~3구의 시체가 생긴다. 그것을 모았다가 어느 날, 산자락에서 얕은 웅덩이를 파고 그 속에 10~20구의 시체와 나무를 넣고 휘발유를 뿌린 후 불을 지핀다. 4~5시간 후 시체가 재가 되면 흙으로 덮는다.

- 수용소 안에서도 많이 죽는가.

북송된 탈북자들 중에 길림성 왕청현에서 잡혀 온 사람은 나를 포함해 34명이었다. 모두 전거리수용소에 있었는데 내가 수감기간(2년 3개월) 28명이 죽었다. 4명은 후에 한국에 와서 우연히 만났으며 2명은 행방불명이다. 이 숫자를 놓고 보면 수감자 70%는 감옥에서 죽는다고 보면 된다. 한쪽으로는 계속 신입생들이 입소한다.

- 한국에는 언제 입국했나.

2011년 9월 9일 대사령(특별사면)을 받았다. 몸무게 27kg이었다. 12월에 김정일이 사망했고 이후 김정은의 "국경을 무단으로 넘는 사람(탈북자)은 무조건 사살하라!"는 명령이 국경경비대에 하달되었다. 2012년 1월 마지막으로 탈북하였고 10월 청도, 라오스, 태국을 거쳐 죽어도 오고 싶었던 남조선으로 끝내 살아서 왔다.

- 사회활동 경력은 뭐가 있는가.

2013년 3월 하나원을 수료하고 사회로 나왔다. 이후 배움의 욕망으로 국제사이버대학교(4년제) 사회복지학과를 졸업했고 사회복지사자격증을 취득하였다. 북한실상증언, 교회간증, 안보강연 등으로 전국의 학교, 기관, 교회, 군부대 등을 방문했다.

- 외국에서 북한인권운동을 했던데.

2014년 영국의회, 2016년 미국 국무부, 뉴욕 UN본부 등에 가서 북한주민들의 소름끼치는 인권상항에 대해서 증언하였다. 내가 회령전거리수용소에서 2년 3개월 기간에 겪었던 끔찍한 고문과 학대, 노예노동 등을 보태지도 덜지도 않고 사실 그대로 폭로했다.

- 북한인권운동은 뭐라고 보나.

인권은 인류 보편적 가치, 정의이고 양심이다. 북한은 77년째 김일성 족속 3대독재로 철권통치하는 야만적인 집단이다. 숨막히는 그 곳에서 우리의 2천만 동포들이 죽지 못해 짐승 같은 노예생활을 하고 있다. 그들의 실체를 있는 그대로 세상에 널리 알려주는 것이 북한인권운동이며 탈북민들의 가장 큰 사명이라고 생각한다.

- 정부에 하고 싶은 말은 뭔가.

아직도 중국에는 많은 탈북자들이 있다. 북쪽지방이 고향인 대한민국의 국민이고 엄밀히 난민들이다. 코로나19로 중국당국의 검거한 탈북자 북송도 거부하는 북한이다. 하늘이 준 이 절호의 기회에 한국정부가 인도주의적 차원에서 중국내 탈북자 모두를 난민으로 받아들이면 이는 세상 사람들이 크게 감동할 일이다. **탈북미녀의 추억**

유치원서부터 시작하는
수령우상화 교육

꽃봉오리 방실 피어나라고
따사로운 품속에 안아주시는
김일성 원수님 고맙습니다
김일성 원수님 고맙습니다…

내가 1970년대 중반 즈음 평양의 유치원에서 배우고 잘 부르던 노래이다. 가사 내용에서 보듯이 수령찬가이다.

5~6살 어린이들이 유치원서 배운 노래는 부모와 가족 앞에서 그리고 공공장소에서도 자연스럽게 부른다. 전민이 받는 수령우상화 교육의 가장 기초적인 단계가 유치원서 시작된다.

이후 인민학교(남한의 초등학교)와 고등중학교(남한의 중·고등학교)를 다니면서 정규 교과목으로 받은 수령우상화 교육은 사회 직장생활을 하면서도 학습과 강연으로 변함이 없다.

이렇듯 전체 인민을 사상정신으로 통제하기에 지금의 김씨 수령 3대정권이 존재하고 있는 것이다. 2020년 3월, 북한유치원 교양원(교사) 출신의 김가영 씨를 서울 양천구 모처에서 만났다.

- 어떤 집안에서 태어났는가.

1991년 8월, 양강도 혜산에서 아버지가 양강도당위원회 간부였고 어머니가 혜산○○사업소 지배인으로 있던 집 안에서 외동딸로 태어났다. 어머니가 나를 중학교 1학년 때 "사회에서 발전(좋은 직장에 가거나 입당하는 것)하려면 무엇보다 예술재능이 있고 악기를 다룰 줄 알아야 한다"면서 과외로 피아노 수업을 받게 해주셨다.

- 전문 음악수업을 받은 곳은.

6개월간 열심히 준비 끝에 엄격한 시험을 보고 합격하여 입학한 곳이 '혜산예술전문학교' 성악반이다. 양강도에서 최고의 예술전문학교로 음악인 전문양성기관이다. 성악반 외에 무용반, 피아노반, 손풍금반, 바이올린반, 현악 및 관현악반 등이 있다.

- 학부모들 직업 비율은 어떻게 되나.

재적학생 50% 정도의 부모가 도·시·군당위원회, 인민위원회, 안전부, 보위부, 검찰 등 권력(힘센)기관에서 근무한다. 대략 40%의 부모님들은 외화벌이 사업소, 상업관리소 등에서 일하거나 시장에서 장사를 하고 나머지 10%는 노동자, 사무원 등이다.

- 학교생활의 불편은 무엇인가.

기악반 학생들이 사용하는 손풍금, 바이올린, 기타, 하모니카 등은 본인이 마련하고 타악기, 피아노 등은 여러 학생이 돈을 모아 구입한다. 학교의 악기는 재질이 낮아 관상용이나 같다. 이뿐만이 아니다. 선생(교사)님의 가정에 필요한 쌀, 부식물도 학생들이 보장하는데 이러한 부담 때문에 자진 중퇴하는 학생도 있다.

- 왜 가정에 시련이 있었는가.

내가 13살 때, 어머니는 갑자기 말만 들어도 무서운 중앙당(호위사령부) 검열을 받았다. 그로 인한 충격으로 병을 만나 40일간 평양에 올라가 수술과 치료를 받았으며 결국 무죄판명을 받았다. 어머니는 이후 집으로 돌아왔지만 급성후두염으로 사망했다.

- 어린 나이에 어떻게 살았나.

그로 인한 충격이 크셨는지 아버지는 매일과 같이 한숨을 길게 쉬면서 고민을 하다가 한 달 뒤 신경성뇌출혈로 사망했다. 이후 이모네 집에서 5년간, 그 후에는 외할머니와 함께 살았다.

- 혜산교원대학은 언제 다녔나.

2007년부터 2년간 혜산교원대학 교양원과를 다녔다. 대학 안에는 3개 학과가 있는데 교양원과는 유치원 선생을, 교원과는 인민학교 선생을, 체육과는 인민학교 체육선생을 양성한다. 여기에도 간부, 잘사는 집 자녀들이 상당수이다. 학교관리에 필요한 물품과 돈을 바쳐야 하는 것은 신통히도 예술전문학교와 똑같다.

- 인생 고민의 계기가 있었다면.

언제인가 비싼돈 주고 장마당에서 몰래 유통되는 씨디알(남한CD)을 구입해 보았다. 내용물은 남조선 드라마 '가을동화', '천국의 계단', '유리구두' 등으로 금기품이다. 그걸 보면서 남조선이 결코 못사는 나라가 아니었음을 조심스럽게 알게 되었다.

- 마음이 불안하지 않았는가.

은근히 '당에서 남조선을 왜 나쁘다고 할까?'라는 의문 생겼고 누구에게 물어볼 것도 아니다. 북한 사회는 주민이 정치적 실언으로 하룻밤에 쥐도 새도 모르게 없어지는 무서운 곳이다.

- 교원대학 졸업 후 경력은.

혜산○○유치원 교양원(교사)으로 배치 받았고 낮은 X반을 담임했다. 유치원에는 낮은반 4개, 높은반 5개로 되었고 한 반의 인원은 보통 30~35명 안팎이다. 전체 유치원생은 280~300명 정도 있었다. 최고책임자인 원장을 포함하여 교양원(교사), 식모(영양사), 경리원, 청소원 등을 합쳐 모두 15명의 교직원이 있었다.

- 유치원의 하루 일과는.

오전 9시 아이들이 줄지어 가창등원을 하면 각 반 선생님의 통솔 하에 마당에서 아침점검을 하고 간단한 위생검열 및 체조가 이어진다. 정규 교육(수업)으로 우리말, 셈세기, 그림그리기, 노래와 춤, 종이접기, 운동시간 등이 있다. 오후 2시부터 3시까지는 오침시간이며 오후 5시 이후에는 모든 아이들을 집으로 돌려보낸다.

- 교육에서 중요한 과목은 무엇인가.

'경애하는 아버지 김일성 원수님 따라 배우는 시간', '경애하는 아버지 김정일 원수님 따라 배우는 시간', '존경하는 김정숙 어머님 따라 배우는 시간' 등이다. 김일성, 김정일, 김정숙(김정일의 생모)을 배우는 우상화 교육 과목이다. 다른 과목보다 우선이다.

- 위 과목을 '교양시간'이라 부르나.

그렇다. 이 세 사람을 정중하게 배우는 방은 '교양실'이라는 빨간색 명 패 하에 각각 따로 있다. 그 안에는 해당 사람의 생존에 있었던 여러 가지 사항에 대해 도록해설판(벽걸이 사진, 글)으로 기록해 놓았다. 실내 한가운데 는 해당 사람의 고향집(생가) 모형사판이 있다.

- 교육의 생동함을 위해서인가.

이를테면 그렇다. 모형사판 둘레에 앉은 아이들은 도록해설판을 가리키 며 하는 선생님의 해설을 듣는다. "아버지 김정일 원수님께서는 어려서부 터 총명한 예지를 지니시고 세상에서 제일 좋은 우리나라를 대를 빛내어나 갈 결심을 다졌습니다. 원수님께서는 학교에서 공부도 운동도 잘하는 모범 을 몸소 보여주셨습니다"는 내용이다.

- '교양시간'은 몇 분 정도나.

40분간이다. 다양한 형식의 강의해설, 비디오 시청, 수령 및 노동당 충성 노래 가창 등으로 되어있다. 각 반의 방에서 진행하는 일반 교육시간과 달 리 '아버지 수령'을 배우는 '교양실'에서의 '교양시간'만큼은 차분하고 엄 숙한 자세를 갖는 아이들이다.

- 완전히 강압적이 아닌가.

맞다. 수령공부의 '교양시간'은 일주일에 2~3회 있으나 '교양실'에는 한

번만 들어간다. 이유는 '교양실'이 아이들의 잦은 출입으로 어지러워지는 것을 다소 방지하기 위해서다.

- 아이들 수령세뇌 교육 무섭다.

유치원에서 아이들이 노래와 춤을 배워도 전부 수령우상화, 체제 찬양의 내용이 들어간 것이다. 이를테면 '인민의 어버이' 수령이 만들어준 사회주의 지상낙원에서 세상에 부러움 없이 자라는 아이들이라고 자화자찬한다. 그 영광을 가슴에 깊이 새기고 꼭 어른이 되어서도 당과 수령에게 끝없이 충성하겠다는 맹세를 다지는 것이다.

- 반미 교육도 있지 않는가.

물론이다. '미국놈 때려부수기 놀이'인데 아이들은 "승냥이 날강도 미국놈을 쳐부스자요" 하는 선생님의 구령에 따라 순번대로 완구총이나 검으로 놀이터의 미군모형을 쏘거나 찌른다. 6～7살 어린이들에게 반미 증오사상을 당국에서 철저하게 주입시키는 것이다. 다른 운동은 미끄럼놀이, 보물찾기, 달리기, 그네타기 등 있다.

- 식사시간 풍경이 궁금하다.

유치원에서 점심시간에 한그릇씩 배급으로 나오는 무시래기소금국은 너무 맛이 없어서 아이들이 먹지 않는다. 아이들이 점심 때 각자 도시락을 펴놓으면 선생님은 도시락 절반을 덜어서 큰 그릇에 담는다. 선생님과 원장, 경리, 식모, 청소원 등 직원들의 몫이다.

- 그건 강탈이나 다름없지 않는가.

이런 식으로 각 반에서 모여진 음식과 반찬은 원장실에 모여 선생과 직원들이 나눠먹고도 남아서 나머지는 집으로 가져간다. 물론 학부모들도 그 상황을 잘 알고 있지만 유치원 선생님이 제 자식을 잘 키워주었으면 하는 마음에서 아무 말도 못한다.

- 부끄러운 생각이 들지 않나.

전혀 안 들었다. 솔직히 말해 유치원뿐만 아니라 모든 학교(대학), 병원, 상점, 행정위원회 등 국가기관에 종사하는 사람들이 이렇게 산다. 일종의 권력을 악용한 주민갈취 방법이다. 오히려 그렇게 살지 못하는 사람이 바보취급을 당한다. 당국에서 인민들에게 가르치는 사회주의 도덕성과 현실에서 사람들의 도덕성은 전혀 다르다.

- 사회의 모순을 언제 느꼈는가.

순수한 아이들을 가르치는 유치원 교양원 생활을 하면서 북한 사회가 빈익빈, 부익부의 차이가 너무 크며 무엇보다 일상에서 인민들이 말을 잘 못하면 무섭게 처벌하는 것을 알았다. 그 사회에서 더 살아보았자 아무런 희망이 없을 듯 하였다.

- 언제 남한에 왔고 지금은 뭐하나.

2010년 외할머니가 사망하였고 이후 평양서 살던 이모가 더 미련이 없다며 위험해도 한국으로 가겠다고 했다. 2012년 겨울 이모, 사촌언니와 압록강을 건너 탈북했고 라오스, 태국을 거쳐 2013년 3월 서울로 왔다. 이후 의료기기제조회사에 취업해 2년간 일을 했고 2016년부터 지금까지 종편

방송 고정출연 방송인으로 활동한다.

- 유튜브 '김가영의 내로남불'은.

작년 11월에 개설하였다. 내가 한국에 온 지도 엊그제 같은데 벌써 10년이 되어온다. 탈북민은 계속 내려올 것이다. 선배로서 후배들에게 정착에서 필요한 조언을 해주는 등 남한생활 과정에 생기는 심리(우울증) 상담을 하려는 목적에서 운영한다.

- 좋은 발상인 것 같다.

북한에는 '우울증'이라는 용어 자체가 없다. 굳이 비슷히 표현하면 '정신병'으로 생각한다. 사선을 넘어온 탈북민들은 대부분 탈출 과정에서 알게 모르게 심각한 트라우마(정신감정충격)를 겪었기에 누구보다 심리상담을 하고 치유를 받아야 한다. 그것도 어쩌면 남한사회에 빨리 정착하는 과정에서 반드시 통과해야 할 관문인 것이다.

- 꼭 하고픈 말이 있다면.

요즘 남한의 젊은이들 속에 '헬조선'이라는 신조어가 있다. 열심히 노력해도 살기 어려운 한국 사회를 부정적으로 표현하는 말이다. 틀린 말은 아니지만 내가 살았던 북한을 너무 모르는 남한의 청년들이다. 그들에게 "자유가 있고 최소한 굶어죽지 않는 이 땅에서 태어나 사는 것을 감사히 여기라"는 말을 해주고 싶다. **탈북미녀의 추억**

탈북 국회의원은
북한 주민의 희망이다

2020년 3월 6일, 대한민국 헌정사상 최초로 3만 5천 탈북민들이 만든 정당인 '남북통일당'이 공식 탄생했다. 이는 2천만 북한 주민에게 "탈북자들이 남조선에 가서 당을 창건하고 정치에 참여한다"는 사실에 근거한 인식과 영향을 분명히 주는 의미가 있다.

세상에서 가장 무지몽매한 북한 주민들이 평생토록 받들며 절대 따르는 당은 유일한 '조선노동당'이다. 그 당은 곧 수령이며 국가와 인민, 헌법 위에 존재한다. 1945년 10월 10일, 김일성이 창당했고 지금은 그의 자손이 대대로 당수(총비서)를 맡고 있다.

탈북민들이 한국의 수도 서울서 자력으로 만든 '남북통일당'은 안찬일 탈북1호박사와 김성민 자유북한방송 대표가 공동대표, 김흥광 NK지식인연대 대표가 사무총장으로 11인의 최고위원, 지도부체제이며 공식 정당으로 중앙선거관리위원회에 등록을 마쳤다.

정당 득표율에 따라 의석수가 배분되는 연동형 비례대표제로 실시되는 21대 총선(국회의원선거)에 '남북통일당'은 후보를 냈다. 선거법에 의해 군소정당 비례후보 1번은 여성. 지난 2020년 4월, 서울 모처서 '남북통일당' 비례대표 한미옥 후보를 만났다.

- 자신을 소개해 달라.

1972년 1월, 함경남도 정평군에서 태어났다. 형제는 6남매 중 넷째이다. 아버지는 조선인민군 ○○○군부대 노무자(군무자)이었고 어머니는 주부였다. 군부대 이동으로 자주 이사를 다녔는데 함경남도 북청군, 리원군 등에서 임시 살림살이 식으로 살았다.

- 가족의 사연은 어떻게 되나.

내가 16살 때 아버지는 불치병으로 사망했다. 언니와 오빠는 학교졸업 후 독립(사회합숙), 또 다른 오빠는 장애인, 사실상 내가 가장(세대주)이다. 고등중학교 3학년 때 중퇴, 농장에 취업했다.

- 어떤 노동을 했는가.

농산반에 소속되어 일을 하였다. 이른 봄 냉상모판에서 벼 모를 키워 논에 심고 김매기를 하고 밭에서는 옥수수를 심고 거름주기, 수확 등 늦가을까지 정말 힘든 일이 농사일이다. 북한의 농촌에서는 수작업(손노동)으로 하는 일이 참으로 많다. 그 이유는 낡은 농기계가 있어도 전기나 원유사정으로 제대로 못쓰기 때문이다.

- 괴로웠던 일은 무엇이었나.

농촌의 각 가정은 당국의 절대지시로 매해 50kg 이상의 돼지를 군부대에 상납해야 한다. 안 그러면 당년(그해) 농사분배에서 400kg의 식량을 공제한다. 1년 내내 농장 일을 하고도 400kg의 식량을 못 받으니 솔직히 죽도 배불리 못 먹고 살았다.

- 간부들은 어떻게 사는가.

농장 간부들(분조장 이상 관리위원장까지)은 다르다. 상급기관(군당) 사업용 명목으로 통계원과 의합을 해서 알게 모르게 수많은 양곡을 농장창고에 쌓아두고 저들끼리 야금야금 나눠가진다.

- 사회를 비관하게 된 시기는.

리원군에서 8년간 농사일을 마치고 23살 때 지인의 중매로 량강도 백암군으로 시집을 갔다. 남편은 림산사업소 노동자였고 배급이 끊기니 내가 장사를 하게 되었다. 1995~96년까지 주로 도읍지 혜산으로 가서 장사했으며, 역전과 버스정류장 등에서 굶어죽은 아이들이 비일비재 하였다. 그 참상을 보면서 내심 한탄했다.

- 그 절망이 탈북 이유인가.

그렇기도 하고 우선 내가 살기 위해서다. 국가서 인민에게 식량배급을 조금이라도 안 주니 말이다. 당시 혜산 시내에 풍설로 중국에서 하루 일하면 일당 40위안(대략 북한 돈 800원)을 받는다고 했다. 그때 북한 노동자 평균월급이 120원이니 저절로 눈이 커질 수밖에 없었다. 어떻게든 가족을 살리려면 중국으로 가서 돈을 벌어야 했다.

- 어떻게 실행하였는가.

1996년 5월 중순, 혜산 지역서 압록강을 넘었다. 첫 탈북이고 연길에서 4개월 교외 별장(정원, 조경)관리 일을 했다. 이후 시내에서 식당일을 했고 2004년 4월, 공안단속에 걸려 북송되었다. 도문, 온성보위부, 단련대(강제노역장), 청진집결소를 거쳤다.

236

- 재 탈북, 재 북송 되었던데.

2004년 9월 대홍단서 재 탈북, 2년 뒤 중국공안에 의해 북송되었다. 2007년 2월 무산서 다시 탈북, 7월 세 번째로 북송됐고 이때 재판서 3년 징역형을 받아 함흥9교화소에 수감되었다.

- 함흥9교화소 풍경을 말해 달라.

계호원(간수)은 수감자를 "이간나, 개간나, 쌍간나"라고 부른다. 수감자는 간수와 2m 이상 떨어진 거리에서 머리를 푹 숙이고 대화를 해야 한다. 거기에 자기 기분이 나쁘면 수감자를 음지로 불러내서 폭행하는 간수들이 적지 않다. 상관에게서 받은 스트레스를 수감자 폭행으로 푸는 방식이다. 완전 미개한 집단의 족속들이다.

- 수감자 폭행은 심하지 않나.

교화소 안에서 악질간수들의 수감자 폭행은 2008년까지 노골적으로 있었는데 이듬해부터 완전히 없어졌다. 당시는 몰랐는데 지금 생각해보면 국제사회에서 북한의 인권문제를 거론하기 때문에 북한 교정당국(보위부 및 안전부 소속)이 조금 의식하지 않았을까 한다.

- 시신이 생기면 어떻게 하는가.

70명 수감 방에서 감방장을 했다. 월평균 8~10명의 시신이 생긴다. 허면 그걸 비닐자루에 넣어 작업공구창고에 모아둔다. 위에서 화장장으로 가져오라는 지시가 있으면 가져가고 안 그러면 인근 산에 올라가 묻어버린다. 시체는 너무 말라서 본체구의 절반도 안 되며 그걸 땅에 흔적 없이 묻는 것을 '직파'라고 한다.

- 교화소 출소는 언제 하였나.

2010년 9월, 노동당 창건기념일을 맞아 대사령(사면)을 받고 출소했다. 너무나 억울했다. 그냥 살려고 굳센 마음으로 고향을 떠나 타국으로 간 것이 운도 나빠서 세 번이나 체포 및 북송되었으니 말이다. 그리고 3년 가까이 마치도 짐승처럼 노역을 했다.

- 언제 한국으로 왔는가.

첫 탈북 후 중국에서 8년간 살며 기독교를 접하고 믿었다. 어쩌면 그때 가졌던 신앙으로 교화소에서 견딘 것 같다. 2011년 1월, 무산에서 국경을 넘어 연길로 다시 갔다. 거기서 3년간 숨어서 살다가 태국을 거쳐 2013년 11월, 마침내 자유의 땅, 대한민국으로 왔다.

- 처음 사회에서 무슨 일을 했나.

하나원(탈북민 정착교육기관)을 나와서 보험, 건강식품 판매 등을 하였고 이후 결혼, 출산, 육아 등 보통 주부로 살았다. 남편도 탈북민이다. 이 살벌한 자본주의 경쟁사회에서 약자 탈북민 부부가 산다는 것이 얼마나 힘든지 다소 실감하고 있다. 그러던 중 작년 8월에 발생한 탈북여성 고 한성옥 모자 아사사건을 접하게 되었다.

- 그 사건을 어떻게 보는가.

고 한성옥 모자 아사사건은 사각지대 탈북민을 방치한 정부의 책임도 분명 있다고 본다. 언젠가 또 생길 수 있을 거라 판단해 사후대책을 요구하는 시위를 청와대와 통일부 앞에서 수차례 진행했다. 탈북민 1세대인 우리는 물론, 2세대의 권익과 이익을 위해 어린 딸에게도 자유와 행복의 소중함을 보여주고 싶었다.

- '남북통일당'을 소개해준다면.

올해(2020년) 2월 18일, 서울·여의도 전경련회관에서 탈북민 등 200명 발기인의 참여로 '남북통일당' 창당발기인대회가 진행되었다. '남북통일당'은 전국 5개 지부가 꾸려졌으며 지역당위원장이 임명되었다. 나는 부족하지만 인천지역 당위원장이다.

- 당원이 모두 탈북민인가.

그렇다. '남북통일당' 5,000명의 당원은 모두 서울 및 전국의 탈북민이다. 2020년 3월 6일, 여의도 전경련회관에서 역사적인 '남북통일당' 창당대회가 성대히 열렸다. 사상 첫 탈북정당 '남북통일당'은 김정은 독재정권의 '조선노동당'을 반대하는 전위대로 준비한다.

- 창당준비는 언제부터 하였는가.

올해 1월 초 김주일 '국제탈북민연대' 사무총장의 주동으로 여러 탈북단체장들이 한 자리에 마주 앉아 정치참여에 대한 진지한 고민을 했다. 2월까지 서울에서 있은 1~4차 준비모임에 참석한 탈북민 단체장은 대략 20명 안팎이다. 여기서 '남북통일당' 창당 발기 취지문이 나왔고 중앙당 및 지역당 구성안 등이 토의되었다.

- 사상 첫 탈북민 정당 의미는.

누가 뭐라고 해도 3만 5천의 탈북민은 2천만 북한 인민의 대표이다. 북한 주민들은 당국의 탄압이 무서워 겉으로 말은 못하지만 속으로는 탈북자를 영웅으로 본다. 당과 수령을 배신하고 남조선으로 도망간 탈북자들이 정당을 만들었다는 것 자체가 그들에게는 매우 충격적인 소식이다. 사악한 북한 정권에는 기절초풍할 일이다.

- 비례대표 후보가 된 이유는 뭔가.

탈북자인 나는 세 번이나 북송되어 북한 감옥(노동단련대, 교화소 등)에서 인간 이하의 취급을 받았다. 북한당국의 만행을 생생히 기억한다. 또한 중국에서 "나라 없는 백성은 상갓집 개만도 못하다" 진리와 같은 당연한 소리를 나의 온 몸으로 체험했다.

- 그 심정 충분히 이해가 간다.

북한의 범죄행위는 반드시 세상에 널리 알려야 한다. 북한인권운동의 소중함을 마음깊이 새기고 탈북민 단체인 '북한인민해방전선'에서 팀장으로 활동하고 있다. 남보다 조금 더 열심히 많은 행사에 참가하고 자원봉사 활동을 한 것이 점수가 된 것 같다. 부끄럽다.

- 국회의원에 당선되면 어떤 법안을 내겠나.

우선 중국 내 탈북민 강제북송을 금지하는 법을 발의하겠다. 중국에서 벌어지는 일이지만 우리 정부가 국가적, 국제적 차원에서 노력하면 충분이 해결할 수 있다. 무엇보다 국제사회와 협력해서 중국 정부를 꾸준히 설득해야 한다. 큰집인 중국이 변하지 않고서는 작은집인 북한의 변화를 조금도 기대할 수 없는 현실이다.

- 또 다른 법안은 무엇인가.

다음으로 탈북민 여성들의 출산격려 법안을 내고 싶다. 남한 여성들은 평균 결혼해서 기껏 1~2명의 아기를 낳지만 가족이 없어 외로운 탈북여성들은 보통 2~3명의 아이를 낳는다. 이보다 더 애국이 어디에 있겠는가. 이들에게 격려자금을 줘야 한다.

- 공감이 가는 소리다.

앞으로 제2, 제3의 한성옥 모자가 생기지 않는다고 누구도 장담 못한다. 많은 탈북여성이 중국에서 원치 않게 낳은 아이들과 남한에 와서 한부모가족으로 어렵게 산다. 사각지대에 놓인 그들을 정부와 시민단체 및 종교단체가 일원적으로 지원하고 돕는 방법을 깊이 연구하여 그에 대한 국회법안 발의도 준비하고 싶다.

- 북한 인민들에게 할 말은.

여기 남조선(한국)은 대통령과 국회의원을 인민의 손으로 투표·선출하며 그 대통령을 매일 비판해도 감옥에 가지 않는 나라이다. 나처럼 북한에서 평범한 농민이고 주부였던 여성도 당당한 국민으로 국회의원 선거에 출마하는 진짜 인민의 나라이다. 사람답게 살려면 북조선독재 정권에서 뛰쳐나와 여기 남조선으로 오라. **탈북미녀의 추억**

통일의 날까지
열심히 노래할 거예요

　지난 2년간 코로나19로 많이 줄었으나 2000년부터 남한에 탈북민 연평균 1,000명 입국시대가 열렸다. 남북 경제수준의 차이다. 이중 70%가 여성이고 이들 중에는 전문 혹은 비전문이든 공연예술 활동에 참여하는 사람이 대략 130~150명으로 추산한다.

　내가 지난 20년간 각종 통일관련 행사에 참가하여 식전행사로 진행되는 아름다운 탈북예술인들이 출연하는 멋진 축하공연을 보면서 마음으로 깊이 느끼는 감정이 있다. 그것은 남한서 오래전에 많이 사라진 민속공연을 바로 탈북민들을 통해 볼 수 있다는 것이다.

　황홀하고 아름다운 민속공연을 위주로 펼치는 탈북 예술인들의 공연은 많은 국민들이 공감하고 크게 지향할 만한 문화임은 틀림없어 보인다. 기쁘게도 하고 슬프게도 하는 예술은 사람만이 향유할 수 있는 감성 문화인데 그것이 갖는 파급력은 대단하다.

　요즘은 개인TV인 유튜브 시대이다. 그것으로 각자 자신을 적극 홍보하고 짭짤한 경제적 수익금까지 톡톡히 챙긴다. 2021년 3월, 경기도 용인시 모처서 유튜브 '전향진의 사랑노래'를 운영하고 있는 탈북가수 전향진 씨를 만나 이야기를 나누었다.

- 북한의 1호 공연 경력 가수다.

북한에서 1호 공연은 수령이 참석한 것으로 다른 말로 '모심공연'이라고
도 한다. 2001년 가을 청진에 있는 김책제철연합기업소로 김정일이 현지
지도를 나왔다. 그는 수행간부들과 현장 시찰을 마치고 해당 부문 예술인
들의 공연을 보는 특이한 습관이 있다.

- 공연 연습은 얼마나 하는가.

짧으면 한 달, 길면 두 달 전부터 하루 10시간 이상 가열차게 연습하는
것이 기본이다. 모친은 당시 김책제철연합기업소 선전대에서 주요 성원(간
부)으로 활동했는데 제2금속건설연합기업소와 합의하여 내가 '모심공연'
준비차원으로 이직하게 되었다.

- 김정일 앞에 무슨 노래를 불렀는가.

나는 여성 독창으로 〈강성부흥아리랑〉을 불렀고 김정일은 밝은 미소를
보이며 "재청!"(앵콜)이라고 손을 흔들어주었다. 이어서 떨리는 마음으로
부른 노래는 〈오직 한마음〉이다. 공연이 끝나고 김정일이 무대로 올라와서
우리와 함께 기념사진을 찍어주었다.

- 이후 특별한 배려가 있었나.

공연을 마치고 김정일의 선물로 첫날옷감(결혼신부옷 지을 천)을 받았다.
선물은 형식이고 중요한 것은 "장군님 모시고 진행한 1호 공연에 참가한
예술인"이라는 일종의 명예이다. 그 덕에 이후로 여러 형태의 문화공연에
서 중추적인 역할을 맡게 되었다.

- 또 어떤 경력이 있는가.

이후 일한 곳은 ○○연유판매소이다. 중앙당 통일전선부 산하 기업으로 식량배급이 잘 이루어졌다. 다음 조선인민경비대 7총국 산하 남강판매소(수입상품 취급소)에서 일하며 풍족한 생활을 했다.

- 탈북 생각을 갖게 된 계기는.

1호 행사 준비에 너무 신경을 썼던지 이후 모친은 뇌졸중으로 쓰러지셨다. 돈이 시급히 필요했다. 그런데 화폐 가치가 없는 북한 돈보다는 중국 돈(위안)이나 미국 돈(달러)이 있어야 했고 결국 중국이나 남한에 가서 돈을 벌어야겠다는 생각이 불쑥 들었다.

- 어떻게 행동으로 옮겼는가.

2007년 3월, 두만강을 건너 3개월간 도문에 있는 친척집에 숨어 지냈다. 그 와중에 남한행이 최종결정 되었고 이제 떠나면 가족을 영영 못 볼 것 같았다. 하여 청진에 있는 어머니가 보고 싶어 다시 북한으로 몰래 들어갔으나 결국 경비대에 발각되었다. 17일간 엄격한 조사를 받고 함경북도 집결소에 수감되어 3개월간 강제노동을 하였다.

- 남한으로 언제 왔는가.

교화소 출소 후 시집을 갔다. 남편은 잘 나가는 무역일군, 3년 뒤 간암으로 사망했다. 5살짜리 아들과 함께 살기가 힘이 들었다. 하여 미래를 위해 다시 모험하기로 작정하고 2013년 9월, 아들과 함께 생사의 압록강을 넘었다. 라오스, 태국 등을 거쳐 그 해 11월, 한국에 입국했고 이듬해 3월, 하나원을 졸업하고 사회로 나왔다.

- 트라우마를 겪지 않았나.

날마다 아이를 껴안고 잠자리에서 눈을 감으면 1차 탈북 때 장마철 불어난 두만강 물에 휩쓸리거나 국경경비대 보위부에 붙잡혀 17시간 동안 매를 맞으며 취조를 받던 일이 주마등처럼 지나갔다. 세 달이 멀다하게 구급차에 실려 병원으로 갔으며 그렇게 1년 6개월 동안 극심한 공황장애와 우울증으로 힘든 시간을 보냈다.

- 그 고비를 어떻게 넘겼는가.

내가 다시 일어나게 된 것은 결국 7살짜리 아들 때문이다. 나의 분신으로 귀중히 여기고 압록강을 건너 머나먼 이국을 거쳐 여기까지 데리고 온 아들의 앞날을 위해, 그 아들 앞에 조금도 부끄럽지 않은 당당한 엄마가 돼야겠다는 결심이 불같이 섰고 이를 악물었다.

- 어떤 모습으로 변신 했나.

평양민속예술단, 금강산통일예술단, 백두한라예술단 등 탈북민 예술단체에서 프리랜서로 활동하기 시작했다. 너무나 좋았다. 탈북예술단체는 우리의 전통적인 음악과 민속무용, 북한의 특수한 예술을 대중에게 보여드리니 무엇보다 마음이 편안했다.

- KBS 전국노래자랑에 나간 계기는.

결혼을 하고 8개월간 '피자가게'를 했으며 이후 집에서 한동안 살림하고 있을 때 남편이 "여보! 당신 정말 노래를 버리지 않았으면 이번에 우리 지역(용인시)에서 진행하는 KBS 전국노래자랑에 한 번 나가보세요. 나는 당신이 압록강을 넘어 탈북하던 그 정신으로 하면 꼭 우승할 거라고 봐요"라며 내 등을 떠밀었다.

- 참! 고마운 남편이다.

그래서 나간 것이 2019년 8월 현지 녹화, 10월에 방송된 KBS 전국노래자랑 경기도 용인시 처인구 편이다. 소리새의 〈그대 그리고 나〉를 불러 최우수상 수상, 전국에 '전향진'이란 이름을 알렸다.

- 격세지감을 느끼지 않았나.

왜 아니겠나. 지옥의 북한을 탈출하여 자유의 땅, 남한에 입국한 날이 '조용히 기쁜 날'이면 KBS 전국노래자랑서 우승한 날은 '요란히 기쁜 날'이었다. 북한에서 김정일이 인민을 위한 좋은 정치를 하였다면 내가 굳이 남한에 올 이유가 없었다. 수령의 독재정치가 못내 싫어 남한에 왔고 김정일 덕분에 KBS 전국노래자랑서 우승했다.

- 언제 미스트롯2에 출연하였는가.

방송기준으로 작년(2020년) 12월이고 종합편성채널 TV조선의 예능프로다. 일상에서 종편예능프로는 사안에 따라 지상파 공영방송보다 시청률이 높다. TV조선의 '2020 미스트롯'도 KBS의 '전국노래자랑' 못지않게 국민들이 많이 보는 프로그램이다.

- 도전자가 대체 얼마나 되었나.

전국에서 4~5만 명이 도전장을 내밀었고 예선 출연자 100인 중에 첫 무대에 올라 나훈아의 〈녹슬은 기찻길〉로 올하트를 받았다. 40인 선을 넘으며 본선에 올라 최선을 다했지만 아쉽게도 탈락했다. 탈북민 가수로는 유일한 기록인 것으로 안다.

- 도움을 주신 분은 누구인가.

대한민국의 그 유명한 작사·작곡가 김동찬 선생이다. 〈봉선화 연정〉, 〈네 박자〉, 〈신토불이〉 등 수많은 명가요들을 탄생시킨 한국 음악계의 거장이시다. 지난 수년간 나의 음악생활에서 친아버지 같은 심정으로 가르쳐주시고 아껴주시는 김동찬 선생이다. 첫 앨범은 신곡 〈관심 좀 가져줘요〉와 〈설악산〉으로 작년 12월에 냈다.

- 고향이 어디인가.

1980년 10월, 함경북도 청진에서 태어났다. 형제는 3남매의 둘째. 부친은 제2금속건설연합기업소 기사장, 모친은 청진제2사범대학 교원(교수)이었다. 외할아버지가 재일본조선인총연합회(친북단체) 선전부장이었다. 1959년부터 시작된 재일조선인 귀국사업(25년간 조총련계 한국인 수만명을 북송시킨 행위) 때 온 가족이 북한으로 왔다.

- 가족은 어떤 직업에 배치 받았나.

황해도에 있는 ○○신발공장은 외할아버지가 일본에서 통째로 들여와 북한에 기증한 것이다. 그 대가로 해주시인민위원회 근로단체일군을 하셨다. 모친은 1970년대 김정일의 방침(지시)에 따라 가수로 선발되어 평양의 영화방송음악단에서 활동했다.

- 더 상세히 설명해준다면.

모친은 그 후 북한의 첫 전문가극단인 '피바다가극단'에서 가수로 재직했다. 1971년에 창작되어 공연 시작된 혁명가극 〈피바다〉는 항일무장 투쟁시기 한 시골 여인이 혁명가로 성장하는 과정을 그린 작품인데 김정일이 영화, 연극, 소설 등으로 만들도록 지시했다. 그 가극에서 모친은 조연으로 칠성이 어머니 역을 담당했다.

- 훌륭한 연기자였다.

이후 모친은 김정일의 방침(특별지시)으로 창립된 '만수대예술단'에 입단하여 활동하였다. 이때부터 재일교포 출신인 무용수 고용희(김정은의 모친)씨와 같이 공연했다. 모친의 말에 따르면 김정일은 고용희의 공연을 보려 시도 때도 없이 극장에 나왔다고 한다.

- 가족이 왜 청진으로 이사했는가.

부친이 평양서 대학졸업 후 청진에 있는 제2금속건설연합기업소로 배치 받으면서 모친도 '만수대예술단' 생활을 접고 청진으로 내려오게 되었다. 청진제2사범대학 교원생활을 하면서도 부업으로 아이들의 노래·악기 지도를 과외로 가르쳤다. 당시 청진의 과외예술 분야서 우리 어머니를 '피바다 선생'으로 몰래 불렀다.

- 음악 교육은 어디서 받았는가.

모친은 나를 운동선수(예술체조)로, 외모나 예술 기량이 나보다 나은 언니는 예술을 시키려고 했다. 중학교 때 우연히 나의 소질을 발견한 담임선생의 조언을 듣고 모친은 생각을 바꾸어 내게 개인교습을 주었고 이어서 학교 예술소조에 속해 활동했다.

- 사회 경력은 어떻게 되나.

1997년 여름, 고등학교 졸업 때 모친은 평양의 지인에게 부탁하여 나를 조선인민군협주단 양성전문반에 보내었다. 평양에서 6개월간 합숙으로 동료들과 생활해보니 모두 고위층 자녀들의 수준과 내 형편이 맞지 않아 자괴감이 들었다. 이후 청진으로 내려와 제2금속건설연합기업소 선전대에 들어가 공연예술생활을 하였다.

- 현재 고마운 사람이 있다면.

거두절미하고 남편이다. 그이의 권고로 좋아하는 노래를 부르려 다시 무대에 섰고 오늘은 이렇게 전국에 자랑할 수 있는 '미스트롯2 가수' 타이틀도 갖게 되었다. 또한 유튜브 '전향진의 사랑노래'에서 늘 응원해주시는 많은 팬 여러분께도 정말로 감사하다.

- 앞으로 목표는 어떤 것인가.

'탈북가수' 보다 '국민가수' 전향진이 되고 싶다. 그렇다고 '탈북'이란 이름이 싫다는 것은 절대 아니다. 어쩌면 그 이름 때문에 국민들에게 나를 많이 알렸으며 싫든 좋든 내게 평생토록 붙는 것이다. 우리 사회에서 '탈북'이란 표현이 영영 없어지는 가장 확실한 방법은 통일일 것이다. 그날까지 열심히 노래하겠다. **탈북미녀의 추억**

꼬리말

언젠가 탈북민인 태영호 국회의원(전 영국주재 북한공사)이 전화로 나에게 이렇게 말했다. "나는 런던에서 서울로 와서 림 작가님의 존재를 처음으로 알고 '그는 서울에서 책 10권쯤 썼으니 못해도 강남에 빌딩 2개 정도는 사 놓았겠구나' 하고 생각했었어요."

거기에 내가 한 답변은 "공사님은 저와 다를 겁니다. 풍부한 국제지식, 예리한 통찰력을 가졌으니 말이죠. 제 보기에 책 1권으로도 대박날 것 같습니다. 그게 바로 몸값 차이죠. 허허!"이었다.

아닌가 정말 그랬다. 2018년 5월에 출간된 태영호 의원의 첫 책《3층 서기실의 암호》는 시판하자마자 베스트셀러가 되어 한동안 교보문고 신간검사 1위에 오르는 이변을 기록했다.

올해로 평양을 떠나 서울로 와서 산 지 25년째이고, 그 가운데 작가 겸 《통일신문》객원기자 활동 17년째이다. 지인들이 간혹 나에게 "림 작가! 한 달 수입이 평균 얼마나 돼? 인세를 포함해서 말이야"라고 묻는다. 그때마다 밝은 표정을 짓고 "세끼 밥 먹고 수수한 옷 입고 지하철 타고 다니는 데 전혀 어렵지 않을 정도로 번다"고 한다.

나의 아리송한 답변을 듣고 놀라든, 무관심이든, 속으로 웃든, 동정심을 보이든 그건 모두 각자의 자유이다. 나 또한 자유로운 직함의 상징인 '작가'라는 명함을 갖고 살아온 지난 17년간을 단 한 번도 후회한 적 없으며 오히려 영예롭게 생각한다.

그 영예의 우선은 내가 분단 및 통일 시대의 최고 활자(도서) 기록자라는 것이다. 지금까지 이 책을 포함해 모두 9종 11권의 책을 집필하였으니 분단 이후 북에서 남으로 내려온 사람 중에 가장 많은 책을 저술한 사람으로 자부할 만큼 명예스럽다.

태영호·지성호 의원을 포함해 탈북민 140여 명, 남한 출신 통일애국인사 60여 명을 인터뷰했다. 신문과 인터넷에 남긴 칼럼은 250여 편, 북한의 최고지도자에게 다소 진정성을 갖고 쓰는 "김정은께 보내는 림일의 편지"는 50회를 훌쩍 넘겼다. 이 모든 것이 치욕의 분단 역사이자 아울러 희망의 통일 역사라고 믿어 의심치 않는다.

내가 이토록 자랑스럽게 말할 수 있기까지 그동안 꾸준하게 나의 졸저를 보아주시고 기억해주시는 많은 독자들과 국민들, 탈북 동지들의 한량없는 사랑과 신뢰, 관심과 애정이 있었다.

탈북여성들은 참으로 뜨겁고 강하다.

북한에서 가난한 생활고에 시달려 불행한 이혼을 했거나 굶어죽은 고지식한 남편, "죽어도 장군님을 절대로 배신 못하겠다"며 탈북을 거부하는 바보 같은 형제를 남겨두고 온 탈북여성이 적지 않다. 자식마저 그 땅에서 못난 아버지처럼 살게 할 수 없다며 비장의 각오로 남겨진 자녀들을 기어이 데려오는 용감한 그들이다.

거기에 드는 비용을 마련하려고 남한에 입국하여 조사를 마치고 사회로 나온 첫날부터 온갖 궂은일 마른일을 다 맡아 억척스럽게 일하는 것이다. 고생 끝에 낙이 온다고 마침내 한국에 입국한 자식을 다시 품을 때에야 비로소 쌓였던 피로를 푸는 엄마들이다.

많은 탈북여성들이 중국 공안에 단속, 북송되지 않으려고 '억지 결혼'으로 아이를 낳았다. 일부 폭력, 도박을 일삼는 남편들은 미우나 뱃속에서 열 달 키워 세상에 탄생시킨 소중한 보물이다.

3국에서 낳은 자식들과 함께 열심히 사는 탈북여성들이 전국 각지에 많다. 자기 어머니의 조국 이 땅에 온 탈북민 자녀들도 국방의 의무를 지니고 대한민국 국군에 충실히 복무하고 있다.

통일의 주역은 분명 탈북여성이다.

사회와 직장생활, 사업에 충실한 여러 분야의 탈북여성을 심층 취재하면서 느낀 점은 "참! 대단한 분들이시다"는 것이다. 너무 당돌한 그들은 가정에서 아이를 키우고 교육시키며 남편까지 챙겨주는 분들이니 결국은 2~3개의 직업을 가진 사람들이다.

과연 무엇이 이들을 그 강인한 성품의 소유자로 키웠을까? 어쩌면 나서 자란 고향에서 눈만 뜨면 강제로 실행했던 수령에 대한 절대충성 열정은 아닐까? 김일성에게 속은 돌이킬 수 없는 과거 인생이 한탄스러워 누구보다 열심히 살고 싶었을 것이다.

　과거 분단도 그랬듯이 미래 통일도 분명 사람이 해야 한다. 그 주인공은 바로 지금 자라고 있는 청년들이다. 거두절미하고 분단의 시대, 한반도의 남과 북을 모두 경험한 탈북여성들이 이 땅에서 낳아 키우는 소중한 아이들은 통일의 희망이고 싹이다. 그들이야말로 한반도 평화통일 실현의 확실한 보배이고 가장 적절한 인재이다.

　그 통일 인재들의 위대하고 자애로운 어머니, 이 땅의 모든 탈북여성들이 가는 앞에 언제나 꽃길이 펼쳐지기를 바란다. 항상 밝은 미소가 있기를 바라며, 부디 건강하시고 아름다워지시며, 무엇보다 사랑하는 가정에 넘치는 행복이 있기를 바란다.

11권째 저서 집필의 펜을 놓으며

안보강사부터 미스트롯 가수까지
탈북여성 30인 특별대담

초판 1쇄 인쇄 _ 2021년 10월 25일
초판 1쇄 발행 _ 2021년 10월 30일

지은이 _ 림일

펴낸곳 _ 바이북스
펴낸이 _ 윤옥초
편집팀 _ 김태윤
디자인팀 _ 이민영

ISBN _ 979-11-5877-271-0 03340

등록 _ 2005. 7. 12 | 제 313-2005-000148호

서울시 영등포구 선유로49길 23 아이에스비즈타워2차 1005호
편집 02)333-0812 | 마케팅 02)333-9918 | 팩스 02)333-9960
이메일 postmaster@bybooks.co.kr
홈페이지 www.bybooks.co.kr

책값은 뒤표지에 있습니다.
책으로 아름다운 세상을 만듭니다. — 바이북스

미래를 함께 꿈꿀 작가님의 참신한 아이디어나 원고를 기다립니다.
이메일로 접수한 원고는 검토 후 연락드리겠습니다.